满足的限度

〔加〕威廉·莱斯 著

李永学 译

2016年·北京

William Leiss
THE LIMITS TO SATISFACTION

Copyright © 1988 by McGill-Queen's University Press
All rights reserved

（中文版经作者授权，根据麦克吉尔—昆士大学出版社 1988 年平装本译出）

谨以本书献给我的母亲、兄弟和玛丽莲

目　录

前言　i

1979 年版前言　iv

导论　1

第一部分　检查　11

1. 个人　13

2. 社会　32

3. 人类之外的自然　42

第二部分　诊断　53

4. 需要　55

5. 商品　81

6. 二重模糊性　106

第三部分　预测　109

7. 走向人类需要的替代性架构　111

2　满足的限度

　　8. 易于生存的社会　　121
　　9. 人类以外的自然需要　　131
　　10. 其他满足　　145

　　注释　　158
　　参考文献　　169
　　致谢　　178
　　索引　　181

前　言

仅 1972 年一年，2 亿 1 000 万美国居民就为追求需要的满足而消耗了大约 44 亿短吨新采掘的物质资源（矿物与非食品类有机物质），人均 42 500 磅；其中包括 17 800 磅天然气、煤和石油，17 500 磅石头、沙子和砾石，2 750 磅森林产品，1 200 磅铁，50 磅铝，25 磅铜和 15 磅锌。

与此同时，据美国统计局报告，尚有一半左右美国家庭的收入不足以令他们享受"还算可以"的生活标准；然而，这些家庭却生活在这样一个极不平衡地大量享用了地球丰饶资源的国度之中；这些资源由所谓发达国家支配，有幸生活在这些国家中的人口占地球人口总数的三分之一，却使用了资源产品总量的 90%。

未来的情况又将如何？根据一份美国政府委员会的规划，2000 年，该国 3 亿公民的人均需求为：5 000 磅森林产品、1 600 磅铁、200 磅铝、67 磅铜和 23 磅锌。届时每个美国公民的年燃料需求将相当于 20 公吨煤。

考虑到对地球自然资源如此巨大的需求，20 世纪 70 年代的公众广泛担忧能源和矿物的短缺与匮乏的可能，这有什么可让人吃惊的吗？许多专家正考虑在其他行星上开采资源的可行性，这难道使人惊诧莫名吗？人们不惜在未来各国的关系上投上阴影，也要试图在劫掠地球资源的问题上讨价还价，以对自己有利的方式牟取权力——例如，国际经济政策协会（IEPA）就曾于1974年尖锐地指出，美国要求"持续、可靠地获得加拿大的自然资源"——这难道会让我们大惊小怪吗？

人们或许能够找到应对这一资源供给问题的短期解决方案，这种说法至少适用于发达国家，因为它们的经济与政治权力仍可保证它们能在最近的将来不公平地多占世界产品。但只要公众的关注只集中于"资源的供给是否充足"，那么对我们当前局势具有同等重大意义的另一个方面就会继续受到忽视。因为，如果我们把注意力集中在供给问题上，我们对需求（demands）、欲望（wants）和需要（needs）方面的关注就会远远不足。

从根本上说，现代工业化社会的物质需求问题等同于人类是否可能满足的问题。我们当前必须正视的问题，是要同时评估人类需要的本质，以及我们为满足这些需要所采取的手段的本质。供给就是为满足人类需要提供物质资源；需求与愿望（desire）产生于社会相互作用的过程之中；不考虑供给问题与这些过程之间的内在联系，供给问题本身无解。

我在本著中考察了当今工业化社会高强度市场架构下的人类需要问题。这一架构所提倡的生活方式依赖于无限度提高物质产品的消费水平。我试图证明，人们在将这一过程神圣化为人类努力的最高目标时受到引导而曲解了自己的需要的本质，错误诠释了需要和可能满足这些需要的方式之间的关系。而且我认为，只要这一过程持续存在，人们的预期就会遭受挫折；而在庞大的物质财富持续增长和积累的同时，人们会对与它呈正比例关系发生的匮乏的可能感到恐惧。

除非能够更好地理解我们的需要，并对我们的社会与经济行为重新制定方向，使之不再依赖于高消费生活方式，否则就无法解决这一基本矛盾，随之而来的就会是工业化世界各国内部和各国之间就可利用的资源而展开的日益残酷的竞争。

威廉·莱斯
1975 年 11 月于多伦多

1979年版前言

本论文完稿后有多本与之有关的重要著作出版，其中包括罗伯特·海尔布鲁诺（Robert Heilbroner）的《没落的商业文明》（*Business Civilization in Decline*）、斯图加特·埃文（Stuart Ewen）的《知觉之首》（*Captains of Consciousness*）、泰伯尔·西托夫斯基（Tibor Scitovsky）的《不快乐的经济学》（*The Joyless Economy*）、弗莱德·希尔斯（Fred Hirsch）的《增长的社会极限》（*Social Limits to Growth*）和马歇尔·萨林斯（Marshall Sahlins）的《文化与实践理性》（*Culture and Practical Reason*）。这些作者痛陈的一些观点与本书探讨的一些问题直接相关。我无意在此详述这些著作，但大略讨论一下这些书中的某些主题将有助于对本书各章中选用的特定方法提供热身式的理解。

有关我们社会的未来，罗伯特·海尔布鲁诺在《没落的商业文明》一书中为我们作出了迄今最合理的预测。他认为，整个"私人企业"经济体系将越来越多地受到政府规定的监管。但这并不意味着人们会在可预见的将来消除私人财产或财富的结构性不平等；这也意味着，交织着公共与私人利益的混合经济会越来越多地受到政府人员的引导，而后者的行动将反映社会政治过程的结果。海尔布鲁诺有关个人态度变化的见解也同样发人深省。他认为，人们越来越普遍地意识到，"经济的成功并不能保证社会和谐"。长远地说——在整个二十一世纪中——越来越多的人将经历"商业文明核心的空虚"。造成这种空虚的是不带人情味的金钱关系对非金钱关系的普遍替代，以及劳动不再有内在的满足，而退化为单纯的收入保证。一旦经济持续增长的希望无法实现，人们就会清楚地看到，正是这种孪生的发展剥夺了日常生活中的许多乐趣；这时人们就将厌恶这种发展，转而采取其他现在尚不清楚其形式的社会组织形式。

斯图加特·埃文的著作叙述了资本主义发展过程中一个决定性转变的历史的一部分：即意识到"普通"男女民众可以对经济负有双重责任：他们首先是劳动者（这部分久为人知并得到了充分肯定），其次是消费者。消费者并非自然进化奇迹的一部分，他们必定是人们后天创造的。工业化的劳动大军是靠无情摧毁长期存在的生活方式集合起来的，主要出于对警察的恐惧才一直从事指定的工作。由亨利·福特一类人物向他们提供苦行生产的伦理学教育，其程度使任何公众都认为已经令人满意。颇有讽刺意味的是：事实上，正是福特等人实施的大规模生产技术标志着这一伦理的没落和被替代的必然性。

从二十世纪二十年代开始形成了消费至上主义思想。这一思想由波士顿的爱德华·菲林（Edward Filene）等商业代言人引领；埃文在书中大量引用了十分坦率的言论。这一思想的推崇者们详细阐述了可以用哪些方法让"大众"（他们的术语）得以在他们自己生产出来的产品中分一杯羹。要让这一商业思想的重新导向为人广泛接受需要时间，更何况出现了大萧条和第二次世界大战，于是这一思想的实施便不可避免地被推迟到了1945年。

但一个消费者思想体系终究开始建立了。依照埃文所述，这一时期的商业期刊、演讲和书籍都曾清楚地表述了以下主题：①工人控制产业的要求（即"布尔什维克主义"）会因他们越来越容易得到消费物品而被削弱；②作为第一点的必然结果，"参与"将被重新定义为消费者选择的活动，这将成为合适的"民主"新形式；③信奉非英语体系伦理的少数民族将会被美国化，并将通过广告信息形成一致的国家"品味"；④生产与消费将一直被分隔在不同的圈子内，例如，不会用工作地点的场景做广告（这在今天的广告实践中仍不失为一条显而易见的原则）；⑤家庭将日益对社会压力开放；例如在公立学校的"家庭经济"课程中讲授的新消费模式会由听课的孩子带回家而使家庭受到影响；⑥男性与女性所应充当的角色将受到操纵，让人们首先注重于将妇女表现为"性"物体；⑦个人消费技艺的范围将转型，人们（特别是妇女）将受到购买成品（例如食物和服装）而不是在家中自制的压力。

泰伯尔·西托夫斯基在《不快乐的经济学》（*The Joyless Economy*）一书中有条有理地批驳了理性行为和消费至上的经济理论，其中包括对以下命题的批判：①消费者的任何选择都准确地反映了他的好恶，或者说，他的行为揭示了他的好恶；②每个消费者的品味与好恶的形成独立于其他消费者的品味与好恶；③由于没有足够的能力满足自己的全部愿望，消费者为保证"他在一件商品上多花的每一个铜板让他得到的满足，都能等同于他将这个铜板花在其他任何东西上得到的满足"，他必须"对所有需要和愿望留有不满意的余地"。

西托夫斯基向其经济学家同侪提出挑战，反对他们视若至宝的理性经济人价值观。他认为，将这一理论用在描述人类心理上并不科学。他指出，这一为人们所接受的理论显然根本无法解释个人好恶随时间改变这一明显事实；或者更准确地说，消费者的好恶显然会发生改变，而理性经济人理论在这种情况发生时无法说明改变的原因或方式。只有结合人际关系的社会过程才能理解这些改变。而且，好恶的变化与满足的变化有相互影响的关系，无论这种满足从何种特定活动中得到。按西托夫斯基的话来说，"这种影响改变了我们的品味，但同样的影响也可能会改变我们从适合我们品味的事物中得到满足的能力"，而主流理论"忽略了这种可能性"。

人们预期，实际收入的提高会让人得到更大的幸福；西托夫斯基使用最简单的术语，试图在其分析中解释为什么这种关联不存在。他援引了1946年至1970年之间在美国进行的两项经验研究工作："在这一几乎长达四分之一个世纪的时期内，人们的人均实际收入增加了62%，但那些自认为非常幸福、相当幸福和不太幸福的人所占的比例几乎完全没有变化。我们的经济福利一直在改善，但这并没有让我们更加幸福。"他声称，通常的经济学理论无法解释这一现象，而他正在试图创建一项可以解释这一现象的理论。

总共存在着四大范畴的满足。首先，有经验证据指出，人们可以从地位本身获得满足，即从任何收入水平上皆可发生的相对社会地位或人际比较上得到满足。第二，满足可以来自工作，但这又在很大程度上取决于社会阶层内特定职位所带来的相对收入和威望。第三，满足与人们在其经历的事物中获得的新奇感存在正相关关系，但我们本身的文化往往将各人的经历标准化，从而逐步减少了新奇感。第四，物质进步主要表现为不断增加的舒适程度。但舒适有如上瘾，人们逐步习惯了舒适，很快视之为理所当然；新的舒适本身不再让我们因为它而快乐，而只在丧失了这种舒适后我们才感到享有它时的快乐——例如中央空调、室内厕所、足量食物等。西托夫斯基的结论是："以上各项可以很好地解释，为什么幸福与一个人的社会地位关系如此之大，却与他的绝对收入水平关系如此之小。"

让这种"地位幸福感"成立的背景条件当然是市场或者商品导向的社会。大部分个人活动的目标是日益增加收入，而增加收入是购买商品与服务的条件。这一背景条件让无助于实现这一目标的活动越来越贬值，其中也包括那些本来可以从创造性工作或非正式的人际关系中得到的内在满足。尽管大多数人的"生活标准"高于他们的先辈，但单纯这一事实并不能让他们得到稳定或长期的满足感。

弗莱德·希尔斯在《增长的社会极限》（*Social Limits to Grouth*）一书中的观点与西托夫斯基的分析互补。这两本书的基本相似之处在于，它们都考虑了个人好恶的改变所造成的社会冲击。西尔斯认为，一旦市场交换经济体中大部分人的"基本物质需要"得到了满足，就会发生针对"地位商品"的激烈竞争。这些商品因其本质而十分稀缺，因此对它们的激烈竞争不能对个人产生净利益（社会群体中能获得这种商品的人口比例大致恒定），同时却造成了很高的社会花销。

何为地位商品？它们是可以在人群中定义社会地位差异的商品；它们的价值主要体现在一部分人拥有、而其他人不拥有这一事实上。例如，为躲开日渐恶化的都市环境而搬入郊外的能力可以是这样的一种商品；那些最先有能力这样做的人享受着可以同时轻松地进入城市和乡村的方便。但如果许多人都逐渐能够住在郊区了，这些优势就在很大程度上消失殆尽——城市文化衰败至此，进入城市已经不值得了；而邻近的乡村已被更新的郊区发展活动吞噬。对大多数人来说，他们所拥有的就只有人们所熟知的郊区虚空。另一个例子是去风景名胜地或国外度假的能力。当只有少数人有能力前往时，这些人具有巨大的优势，因为这就是他们与那些无钱前往的人之间的社会距离。日益提高的普遍财富水平敞开了前往这些地方的大门，但由于这些地方的拥挤和由此而来的景点质量的日渐低下，造成了这些经历的急剧贬值。

过于拥挤的旅游景点的质量下降，是因为地位竞争而造成的社会代价的一个例子。人们可以从职位与其所要求的教育程度间的相互关系中找到更好的例子。一个人们熟知的事实是，职位要求的教育资格一直在持续提高，而在大多数情况下，这种资格很少能或者完全不能代表职位所需的能力。这一缺陷的由来是人们假设存在的正式教育与高薪职位之间的相互关联。社会内"高层"职位的比例一直大致保持恒定，但现在有更多的人在竞争这些职位。僵化的教育资格是用来为竞争者分组的筛选机制之一。现在成功者的比例与过去相同，但社会因向所有竞争者提供正式教育而花费了数额庞大的金钱。

西托夫斯基和希尔斯殊途同归，他们都对物质财富达到了某一总体水平的市场导向的竞争社会的一个关键方面——商品的象征性属性的重要性，以及等级和地位依附于这些属性的方式——有所忧虑。正是由于其本质，这是一个在社会自我设定的极限内难以解决的问题。当相对地位成为赌注的时候，社会将会，也必须在每一个转折点创造出新的稀缺事物，也就是人们需要努力获取的新的成功象征。至于让什么来表示地位差别则是无所谓的。重要的是，这一过程没有止境。

希尔斯明白，他称为地位竞争的现象与商品导向的经济有着内在联系：他书中一章的标题就是"新商品拜物主义"。地位经济实际上主要是"偏爱物质商品"和"商业化效果"的一种表达形式；这意味着，个人越来越多地把他们的幸福诠释为将其所有物"更新换代"的成功程度，即拥有最新潮商品的能力。

希尔斯在这本书中使用了"商品拜物主义"这一术语；该书确实严厉批判了我们的现有社会，但它并不是通常意义中的"马克思主义"著作。当然，这一概念是马克思主义对资本主义批判的重大特征之一。依照传统马克思主义理论写作的大部分作者还在用它作为能够准确描述迄今为止的资本主义社会的某些关键特征的概念。但进一步检查，会发现这一方法似乎存在着重大困难。马克思在使用这一概念时的限制性极严；如果以他的方式使用这一概念，它与当前社会的批判性评价之间就不存在广泛联系了。而且，在马克思的观念中存在着一个基本缺陷，这一缺陷从他的时代起一直未曾被人仔细关注。

马克思从他对使用价值与交换价值的讨论中发展了商品拜物主义的观念。他认为前者构成了商品的"物质"，后者构成了它的"形式"。这一分析的关键方面是，他所说的拜物主义只是相对于产品的"形式"产生的。马克思指的是从商品的二重性——即商品是"可感觉的物品，但同时也是超感性意识的，或社会的物品"——所产生的"商品的神秘属性"。他也说："因此，商品形式的神秘属性仅仅在于如下事实：商品反映了人们自己的劳动的社会特征，这一特征是这些事物的社会自然属性，是劳动本身的产品的客观属性……"

这些段落在多次引用后为人们所熟知，并被广泛认为理所当然，这让我们远离了一个明显的问题：准确地说，这里提到的"神秘"究竟是指什么？从人类学研究能够考察到的远古时代起，劳动分工就在人类活动的产品上打上了社会的烙印，难道商品的二重性——无论是感觉得到的物品，还是那些由文化形式赋予意义的物品——不是从来就相当明显的吗？马克思是根据什么证据假定，人类确实对这种二重性感到神秘不解？或者说人类确实没有在他们生产的商品的性质中认出他们自己的劳动的这些特性？

马克思提出了在商品与宗教信仰中的神祇之间的一个类比，它清楚地揭示了商品的本质：这是一种看上去有着"自己的生命"的实际物品。这与对"原始"宗教中的崇拜物的理解相符：崇拜物是被认为本身具有某种力量的物品，因此与偶像不同，后者只象征着某种外物比如神祇的力量。

有三点值得注意。首先，马克思说，商品的形式"与商品的物理性质没有绝对联系"。因此这种神秘性并非由商品的形式与物质之间的相互作用——即商品本身因袭而来的二重性——造成的；它的神秘性完全是形式独有的功能。第二，一切商品交换系统（只要其广度足以使之需要一种不同的商品作为交换媒介）都有如下结果：商品拜物主义与资本主义生产模式之间并无内在关系。第三，马克思并没有指出这种拜物主义是如何在资本主义生产关系中产生的。换言之，如果商品的形式是普遍化了的拜物，则会发生哪些特定种类的拜物活动？

为发展他的观点，马克思对照比较了中世纪与现代这两个时期。前者的经济关系主要是"服务的以货易货和支付的以货易货"，以及"在一切场合下，在人们的劳动中表现的人与人之间的社会关系，即以他们自己的真实人际关系出现，而没有伪装成物品之间、劳动产品之间的社会关系。"人们或许首先会问，这是否是中世纪社会关系的准确表达，也就是说，那时的劳动是否真的以人际关系的形式表现？或者说，贵族与非贵族之间的基本区别（这可能也曾是一种拜物主义）是否真的不是那个时代的另一种伪装？

可能人们大都赞同这里提出的模糊说法，即社会关系中存在着不同的具体形式。依旧存疑的是：准确地说，商品生产中的具体形式究竟是什么呢？"商品的整个神秘性和一切围绕以商品生产为基础的所有劳动产品的魔力与巫法"究竟又是什么呢？在关于商品拜物主义的部分结束之处，马克思提到了他之前的经济理论家所犯的一系列概念错误，这些错误显然是拜物主义的结果。把这些错误说成"魔力"或"巫术"似乎实在有几分夸张，但这或许只不过是吹毛求疵而已。重要的是，马克思的种种见解在资产阶级经济理论进一步发展的过程中被逐步摈弃了。换言之，它们反映了一个学科的不成熟阶段，当时这个学科正试图进行一项艰难的工作：重新描绘一般市场交换经济的复杂的新机制。

我愿在此提出一系列问题：①马克思的商品拜物主义概念指的仅仅是（或主要是）直至他那个时代的经济理论的"意识形态"元素吗？②如果这一概念今天仍旧有用，当代非马克思主义经济理论中的哪些特定观念是商品拜物主义的具体表达？③马克思的意思是否是：在他当年的资本主义社会中，那些作为非经济学家的"普通个人"被蒙蔽了，也就是说，由于对商品生产运作体系的方式的不解，以至于人们在自己的选择或意见表达中犯了错误？如果是这样，他们犯了哪些特定种类的错误？④今天的个人是否也因为同样的原因而犯下了同样的（或者不同的）错误？

人们只能对这些问题中的第一个给出清楚的肯定回答。如果情况果真如此，则商品拜物主义概念的应用范围就狭窄多了。而且，正如马歇尔·萨林斯（Marshall Sahlins）认为的那样，在马克思的方法中有一个关键性的缺陷，这一缺陷削弱了其批评的尖锐性。马克思假定，需求和效用都是"客观"数据，可以清楚地加以确定。但那是错误的。萨林斯指出，对于马克思来说，商品是有使用价值的物品，这"是完全可以理解的，它能满足人的需要"。他指的是马克思著作中的一些段落，其中说到，只要商品的性质是使用价值或效用，它们就无神秘可言。然后他评论道："一切效用都是象征性的。只要'效用'是一个适合于某个文化规则'需要'的概念，它就必须包括一种由商品的具体性质代表的表现形式，其中包括人与人之间各不相同的关系；这种表现形式的一个例子就是女人和男人如何通过衣着的不同颜色、线条或纤维种类等而在服饰上展现性别的不同文化价值。'需要的系统'必须永远是相对的，不能以物质必需来表达，因此具有象征性的意义。"效用的象征性构成这一想法对批判先进的工业化社会中的消费者的表现是不可或缺的。

如果作为商品的物品具有神秘的特性，即，如果它完全是因为自己的形式而具有这样的特性，那么就必然会得到以下两个结论中的一个：或者如同市场社会的辩护者声称的那样，此处全无问题；或者，如果有问题的话（如市场社会的批评者所言），这一问题则全然无解。因为，任何工业化社会——无论它对共产主义的理想何等执着——都不可能完全取消商品的形式，至少在某种对品味独断的独裁系统代替它之前，无法完全取消。如果只存在满足小型群落的直接生产，则每一组群落都能适应它们自己的独特品味；但这限制了能够生产的货物的种类。工业化生产依赖于广泛的交换；个人好恶的表达和价格机制可能被以福利为考虑基础的明确政策限制在某一范围之内，但却在使那些交换得以完成的过程中起作用。

但如果我们不能意识到效用的象征性构成，我们就无法弄懂如何设计这样的政策，即如何限制商品导向的消费模式的破坏性后果。这是解决西托夫斯基的地位幸福、希尔斯的地位经济这些两难问题的关键，也是解决作为心理属性之体现（例如汽车与动物以及传统上属于动物性质的结合）的商品（不是商品形式）拜物问题的关键。

我认为，我们必须同意萨林斯的观点，即一切文化中的一切效用都是象征性的。在我们这样一个每天有大批人参与广泛市场交换的社会中，有一种二重象征性过程在起作用。这一过程的一个方面是，人们有意识地在商品的制造与销售过程中应用这一象征性，包括广告设计中的形象化。第二个方面是消费者在"创立"生活方式模式时有选择地应用的象征性关联；整个市场被分成一些半自治的板块，它们对不同的提示做出反应，或以不同方式对同样的提示做出反应。

本书第二部分的分析模式是简单描绘这一二重象征性过程主要特点的一次尝试。我试图用需要与商品之间辩证关系的轮廓来为一些社会过程提供一项广泛解释；埃文、西托夫斯基、希尔斯、萨林斯以及远比以上四人更早的马克思也曾试图从各种不同的视角理解这些社会过程。

我认为这些问题中的一个特定部分尤其重要：人类与人类之外的自然之间的关系；这是我的途径和其他人的途径之间最突出的不同。在先进的工业化社会中，这一部分不在人们每日关注的经济指标中。但我们无法继续无限期地忽视我们对生物圈的再生能力所造成的影响。我试图证明，我们至今对这种影响仍旧漠不关心，这与我们对自己的欲望与需要的质量越来越不关心遥相呼应。如果不能更好地认识这两个过程是如何联系的，要想理解为何我们一直不能获得工业进步所带来的满足就是不可能的。

威廉·莱斯

导　论

　　所谓的发达世界运用它所掌握的稀有资源创造出来的东西，没有多少值得他人仿效的。但仅仅一国的居民每年就消耗44亿吨新采掘的自然资源，[1] 人们必定会对这种情况深感震惊。如果我们可以称之为成就的话，它证实了使用这些资源的人的异乎寻常的集体独创性，无论他们发挥这种独创性的目的何在。我们或许可以赞扬它，但同时不会看低我们前人的那些同样值得赞美的努力：他们用粗糙得多的技术手段，为统治者修建了不朽的寝陵，为神灵修建了庙宇。

　　人类文明具有一种倾向，即修建庞大的物质性建筑，并将自己渴望解决的社会问题供入其中加以崇拜。人们最热切期盼解决的问题具有不同的紧迫性，而建筑物便提供了有关线索。现在，金字塔、宫殿、大教堂与城堡都让位于严谨的玻璃与钢结构建筑的大厦，它们形成了城市的地平线，宣告了经济事务在日常生活中的主导地位。物质景观是其他差异的象征。人们把经济视为对人类物质生活必需品的有序生产。在现代社会之前的所有社会中，经济或多或少嵌入了整个文化环境，该环境按照社会标准管理货物流通，并决定哪些事物可以交换（例如在大多数"原始"社会中，土地与劳动力不能在市场上交换）。[2] 生产效率的原则只能

2 满足的限度

部分决定劳动分工、对科技革新的投资与对自然资源的开发利用，因为这些经济活动与其他问题密不可分。这些问题包括维持亲情、社会地位、等级次序等，它们是社会稳定与权威的基础。

既往社会都把稳定与权威建立在因袭而来的特权或传统组合的既有模式之上；而现代社会第一次大规模地尝试不再这样做，而是将稳定与权威直接建立在经济生产与需求得到满足的成就之上。当然，这种决定性的变化绝不会一蹴而就，而是需要一个过程；历经多年发展，这一过程至今尚未结束。然而，这是一个倾向；出现于现代社会发祥之初的资本主义是这一倾向的始作俑者。人们可用以下方式表达之：初级的社会纽带确认了个体的自我利益，并最大限度地令个体需要得到满足；而作为整体的社会利益即是实现总产量的最大化。具体地说，单一个体的福祉被认为等同于国民生产总值的稳定增长。

可以肯定，每个人的获利不会都一样，在这一努力的过程中也会有人遭受没顶之灾。所有这些都是维持这一当代过程的正当性所必须的，是为了让大多数个体在任何时候都相信：总体来说，社会总产品持续不断地增长能最好地为他们的个人利益服务。简言之，现代社会的正当性原则是接受流行的报酬和权力分配这一基本原理，也就是在于消费的持续增长。这一原则今天不仅适用于政府管理的资本主义社会（北美与西欧），也同样适用于工业化了的社会主义国家（东欧与苏联）。

消费者情绪指数旨在每季度定期检测公众对国家经济前景的信心的波动水平；它可能是当前社会意识最可靠的晴雨表。[3] 无论如何，本论文的出发点都基于我的如下假设：持续增长的消费水平是公众的希望与担忧的错综关系网中唯一重要的元素；工业化了的资本主义和社会主义社会的公民正是藉由这一关系网来表达他们对社会制度合法性的信赖程度。

消费水平的持续增长需要能源与物质资源供给。不久前,《增长的极限》向"世界模式"中引入了不可再生型自然资源逐步减少这一要素,引起公共不大不小的哗然。对此的驳论强调许多地方极有可能发现大量的新储备,包括在海底取得庞大矿物资源的潜在可能。[4] 争论中很清楚的一点是,虽然大多数原料的价格将来一定会上涨,但我们现在无法很肯定地估计自然资源可能的匮乏程度。

众所周知,预测未来是很不可靠的。虽说这种预测对政策性考量可能用处不大,然而它们能很好地帮助我们从感觉上了解,人类越来越严重地依赖于使用能源与物质资源。一项较早的研究,即一个名为"未来资源"的美国团队发表在 1963 年的研究成果对此很有启发意义。该团队试图预测 1960—2000 年人们对各种矿物的积累需求,并与它们于 1960 年的已知储量对比。由于缺乏"共产党"国家的可靠信息,预测全球需求甚为困难。但"非共产党"世界的增长速度数据广泛存在,对这些地方的预测本身已被证明是非常有趣的。仅仅这些国家对镍、钨、铜、铅和锌的预计需求便超过了已知的世界储量![5] 人们无疑会找到并开发新的矿源;但难道我们应该让纯科技的考虑淹没人类的全部前途吗?某些社会踏上了一条发展之路,但难道我们不应该也问一句:它们在这条路上所必须持续进行的探索和技术革新不是为了别的,就是为了要在不到两代人的时间里用尽某些矿物在世界上已知的全部储量呢?

然而总量无法告诉人们这件事最有趣的部分。让我们考察资

4 满足的限度

源消费比例中许多不公平现象中的三项。工业发达国家的人口只占世界人口总数的三分之一，但却占用了全部资源产量的90%。美国人口占世界人口总数的5%，却占用了所有开采出的矿物的27%。以下事实可以说明美国普遍存在的不公平现象：占人口20%的最富有阶层拥有全部财富的76%，其中包括96%的公司股票。[6]

人们经常雄辩地批判这些财富分配上的巨大差距所代表的社会不公，但收效甚微。现在让我们继续进行一些调查。我们不妨假定，我们的目的是要实现财富分配上的大致平均（或者至少比现在公平得多），而且这一目的似乎是可以达到的。根据这样的假定，需要多少物质财富才够全社会使用呢？

人们时常认为，形而上的思辩王国是负责任的知识分子的禁区，但我们可能必须进入这一领域才能考虑上面的问题。难道说，只要能让不论其出身背景如何都可以因智慧与勤勉成为企业精英，只要那些进取心不强、先天条件不佳的人们的生活能随着整个社会水平的提升而水涨船高，我们就能心安理得地对物质需求不断增加所造成的问题置之不理吗？如果人们继续维持他们对越来越吸引人的商品的永远增长的欲望，那么很显然，现有物质提供的持续满足程度如此之低，就是不合逻辑的。如果我们假定满足程度的每一个稳定水平只能让人遥想更为宏伟的远景，而且水平的上升没有不可逾越的终点，那么人们需要做的就只是组织生产足够的物质财富，并以此构筑人们渴望的前景。但有两大障碍横亘其间。

首先，公平分配问题不那么容易解决。不妨让我们在此回想一下美国"官方"对2000年的需求规划。该国的3亿居民仅此一年中就需要2.4亿美吨铁、2 640万美吨铝、1 000万美吨铜和350万美吨锌，还有223亿立方英尺森林产品和相当于60亿公吨煤的能源。假设消费者们可以心平气和地达成协议，均分这些丰富的资源，那么他们在地球上其他地方生活的人类同胞们的命运又会如何呢？要知道，全球人口到那时应该会有70亿之多。如果他们全都以同样的方式引导其欲望的初生潮流，那将需要何种科技创造和社会组织的奇迹才能做到呢？而且，如果不允许他们中的绝大多数人这样做，要采取哪些恩威并重的手段才能稳住这些人，而让3亿美国人可以不受干扰地在这堆无边无际的"商品"上继续狂欢？

但与第二个两难处境相比，这第一个两难处境只不过是小巫见大巫。以下可能性是实际存在的，我们必须正视：即使我们真的拥有如此丰富的物质财富，而且也能在某种程度上实现公平分配，但当不走运的消费者在商品的莽林中追求捉摸不定的喜悦时，我们所谓"需要得到满足"的意义将会变得越来越模糊。需要的逐步升级不存在明显的终点，也无法保证人们会在物质财富进一步丰富后感到满足或幸福。随着社会生产能力的扩大，我们的生活质量本应得到改善，但鼓吹高消费生活方式理想的社会似乎没有掌握度量生活质量改善的任何可靠手段。在市场的狂热活动中，追求的个人目标也越来越模糊了。

人们计划用庞大的资本投资和技术革新来保证我们认为需要的资源和能源。人们应该更多地思索：这是不是解决我们的需要难题的最佳方式？我们的社会鼓励个人曲解他们的需要和愿望的本质，结果使他们为满足这些需要和愿望所作尝试的本质越来越模糊。由这样的个人组成的社会整体正逐步使其生产能力理性化；

但与此同时，在处理其效果时却变得更不理性。

人们当前置身于一个要最大限度地满足需要的社会之中，个人之间有冲突，他们在社会相互关系的纽带上有冲突，在争夺人类以外的自然的世界上有冲突；我们在认识自己的需要时最为缺乏的是评估以上冲突对我们造成损害的一个一般框架。本文致力于为这一框架的设计给出一个可能的轮廓。

本文的核心主题是，对需要与商品间相互关系的理解，为解决高强度市场架构下无休止膨胀的人类需求问题提供了一种方法。商品是在市场上出卖的实物和服务，人们购买商品的原因是假定它们可以为个人的欲望、需要或愿望提供某种满足。我所说的高强度市场架构只不过是一种市场经济，这种经济为大批个人提供数量极大的商品，在这种经济内，大量商品出自高度复杂的工业生产过程，该过程运用复杂、精巧的科技知识。在那些已经或正在创建这样的市场经济的社会中，首要的信念就是经济应该持续扩大，为消费者提供范围不断扩大的商品阵列。而这样的社会最优先关心的，是掌握达到这一目标所必需的足够数量的能源和资源。

这样的市场社会存在于北美、西欧和日本的由政府管理的资本主义社会之中。显然，在这些不同的国家中，甚至在各个国家的不同地区中，市场经济的生产能力存在重大差别。但以上描述对所有这些国家都成立，即这些国家中的大量社会成员有能力购买范围广泛的商品。许多非工业化国家的社会精英也有购买这些商品的能力，但这些社会中的大部分人无此能力，而且与第一类市场相比，它们的日常市场交换范围也相对狭小。在那些具有高强度市场经济的社会中，社会系统确保商品的数量和种类持续增长的总体能力是社会稳定的一个重要因素。

在那些名义上信奉社会主义的工业化国家，如苏联和东欧国家中，当前可供选择的商品的数量与质量远低于资本主义国家。但安德·高兹（André Gorz）认为，这些国家的社会发展趋势与我称之为有管理的资本主义社会的发展趋势相似。高兹认为，这些社会主义国家当权的官僚机构的目标是维持与巩固自己的权力，并削弱任何对其权威的挑战或转移这些挑战。"为了实现"这一目标，它们也"在增加个人消费量"。[7] 如果高兹是正确的（我认为他是正确的），那么，把公众的希望导向不断扩大的商品市场也是这些社会主义制度下的现有政权政治稳定的一个重要因素。尽管按照我们的标准，这些社会现阶段的商品种类十分匮乏，但这两类制度都强调消费，并认为这是它们达到个人满意的主要途径，这是它们结构上的类似之处。这些"有管理的社会主义"社会似乎已经接受了源于现代资本主义的高强度市场结构，把它视为要以另一种手段达到的目标。

除了已经说过的中心主题之外，本论文还讨论了两个附带主题。

其一是试图证明，讨论人类需要的特点而不明确涉及特定社会制度下满足需要的日常实际模式是不恰当的（高强度市场架构代表了需要—满足的一种方式）。大部分有关需要的当代理论在这方面都有缺陷，那些从"人类基本需要"的观念出发的理论尤甚。这些理论在讨论需要时反复探讨的是生理学与心理学范围的非常抽象的原理，很少专注于具体的社会经济实际；而只有通过社会经济实际才能形成特定的需要，一切满足个人需要的尝试也只发生在那里。我试图证明，可以通过检查需要问题与满足的特定社会组织形式之间的动态相互作用来澄清这一问题。

第二个附带主题是我将当代对人类需要的讨论与生态环境相结合的尝试。正如当前大部分理论忽略需要—满足的具体形式一样，它们也忽略了我们的一切需要与人类之外的世界的关系，即与自然界无限复杂的庞大"支持系统"之间的关系。在每种人类社会架构下的需要模式都会冲击许多物种间的相互关系和作为整体的自然生态系统，而这一冲击之力随工业生产的到来而急剧增强。最近，由于人类活动对环境的冲击影响了我们自己将来的福祉和生态系统功能，它已经成了公众关注和科学研究的重大事件。但这一新的关注本身还没有系统改变人们理解人类需求的途径。这是一个艰难的问题。对此我并没有尽力给出一个确切的解释，而仅仅就如何在这一更大范围内规范有关的人类需要进行讨论，提出几项尚不成熟的建议。

对膨胀的市场经济及其对个人生活的冲击的批判是由包括下列作者在内的经典著作发展起来的：约翰·斯图加特·密尔、马克思、凡勃伦、涂尔干、卢卡奇、托尼等。其他作者近来也对此进行了推广和详细阐述。[8] 过去几年中，人们更为频繁地对经济增长信仰、把发展作为所有国家模式的思想，以及全球范围内膨胀的工业化生产和污染可能造成的有害后果进行了严肃的审思。[9] 最后应该提及的是，几位同时研究自然科学和社会科学的作者认为，必须在涉及变革当前方向的政治、经济、社会和环境元素的相互作用方面开拓更为广阔的生态学前景。[10] 我发现，一些通用分析以及一些涉及学科的专项研究在表达类似本文论点时十分有用；但我并未对这些分析的特定论点持赞同或反对看法。

本论文的第一部分探讨了一些具有难度的问题，这些问题涉及单独抽出我们所在的社会的关键特点，这些关键特点是人们对我们的需要越来越感到困惑的原因。其中的一些困境来源于我们使用匮乏、欲望永无满足、征服自然等词语的方式。其他困难则与我们作为消费者而在日常生活中试图确定需要与满足需求时经历的两难处境有关。为能展现基本的内部潜在动力发挥作用的方式——所有的需要朝向商品领域的系统定位，我们必须弄清有关我们的需要的这两个层次的困惑。

第二部分给出了高强度市场架构下需要与商品相互关系的一种理论。将个体需要逐步分解成越来越小的元素这一过程，是与将商品（即我们试图用以满足自己需要的物品）逐步分解成各种属性与信息的过程相联系的。这两个过程之间的相互作用在消费活动中引入了一种二重模糊性，解释了我们在需要以及满足和福祉的感觉方面经历着日益增加的困惑的原因。

第三部分提出了重新思考我们的需要的一些方式。这些方式或许有助于克服我们现有实践中存在的潜在危险倾向，并打破膨胀的生产力与膨胀的欲望之间形成的恶性循环。

第一部分　检　查

11

1. 个　人

让我们从日常经验的具体层面开始检查高强度市场架构下的人类需要问题。在膨胀的市场经济中，个人面对的是商品与服务持续增加的花色品种，所有这些据称都与他的需要或愿望有一定的关系。显然，他必须根据自己的财力在其中做出选择，而这样做本身，就是根据可能满足他的现有商品诠释他自己的需要。这会出现什么问题呢？

我建议，我们应该质朴地对待这一问题。注意，这就是说，不对作为消费者的个人应该如何理性或有效地表现做出假定。换言之，我们应该仅仅假定，个人面对的问题是：如何在商品与服务的花色迅速改变的状况下不断地重新诠释他的需要。在审视了这一问题的本质之后，我们就可以开始进入更具分析性的层面，像人们通常做的那样提出这一问题：人们说，人的欲望永无止境。这是什么意思？

1.1　作为消费者的个人

"放在嘴里的金斯唾液分泌检测器能够测出在一个小筒管上流过的唾液的数量；这个小筒管上紧裹着纸，纸上渗透着无毒无味并对唾液敏感的染料。渗透纸卷的唾液形成染料点,通过这些染料点的数量可以计算唾液的流量;人们假定这一流量与食欲相关。"[1]

自古以来人类就自负地认为他们与兽类有根本差异,这一想法极难根除。通过以上引文,人们可以认为,消费心理学领域的研究人员正设法让这一想法寿终正寝。对于他们来说,发现消费者这一事件的重大意义堪比鸟类学家目击了一个新物种,或者人类学家找到了迄今无人知晓的原始部落。对人类行为的研究滥用的物质与智力资源之多,鲜有同期发现的其他生物物种能与之相比。由大学与私人机构进行的庞大的研究项目致力于分析与预测这一"新物种"(指"消费者")在其自然环境——"作为活生生的实验室的市场"[2]——中的奇特行为。

这一领域的研究带头人之一曾经评论道:"消费者需要持续的新刺激;对他们的短期影响可能无法保证让他们长时间地持续受到刺激。"[3] 在令人压抑的古代帝国,贵族的扈从有责任为他们的主子发明新鲜玩意,重新振作主子们低沉的情绪;人们可以从各种渠道,例如佩特罗尼乌斯(Petronius)所著的《爱情神话》(Satyricon)中知道,在当时需要何等机巧才能善加利用大自然的丰饶资源,以使发明物足够复杂,才不至于冒犯那些颓废的品味。显然,古代的生产系统很少能够满足那些穷奢极欲的需要。然而,现代科技与工业生产能力似乎突破了这一限制,从而可以让每一个人得以按照市场定音鼓敲响的调子调整他或她的欲望。

当然,在膨胀的市场中寻求自己需要的满足的人如此之多;可供他们选择的商品的数量与既往历史时期相比不可同日而语。然而,仔细审视这一状况,我们可以发现一些植根很深的重大问题，下列举其中几种：个人对商品的构成缺乏足够的知识和"常识性判断"；产品在使用中有对使用者造成生理与心理损害的危险；由于时间不足而使选择质量下降；个人的欲望本身目标并不明确等。

在任何社会架构下，任何个人都面临着如何在自己的需要与为满足这些需要而可以得到的机会之间进行匹配的问题。在高强度市场架构下，个人受到激励，把他们的需要导向不断扩大的商品阵列所代表的种种满足。[4] 因此，在日常生活中，个人必须能够从他的需要的角度出发，判断各种产品是否合适于自己。如果想让这些判断并非完全出于随意，个人就必须具有一些关于他所要的东西的质量或特性的知识，通过这些知识来确定这些东西可以如何满足他的需要。但当前，试图为这一目的获得足够知识的任何尝试似乎都是非常困难的。

首先，在这一市场架构下，可供选择的商品数量庞大，种类繁多，年年翻新。只说那些在超级市场中待售的商品，我们就会发现，每年在北美有1 500种新产品上市，而它们中的80%会在同一年中下架，为其他花色的商品让路。[5] 面对如此之多的商品，我们做出了决定，认为我们选择的会适合自己的需要；但我们又如何能够想象，这些决定中有哪些是基于自己对其质量的了解呢？那种以我们的需要为基础判断商品是否合适的知识似乎应该是应用于手工业作坊里的技巧，需要它们的是仔细炮制调味料的厨师、修复古旧家具的手工匠人、为自己编织挂毯而纺毛线的纺织工人之类人物。要取得手工艺人的技艺，就需要深刻了解艺人们在实现目的时所使用的材料。这些技艺在扩展的商品环境下萎缩了，变成了只在生产奢侈品时有用的因素，而不再是大多数人的日常生活特色。通过当前流行的劳动分工，市场不断膨胀；在这样的分工下，大部分个人最多有希望在一两个范畴之内发展手工艺知识；他们依赖于购买成品以满足自己的其他需要。而在购买成品时，个人做出的决定很少基于有关其质量的独立评估。

如果不可能得到那些据信可以满足我们需要的东西的手工技艺（我的说法），可以指望消费者具有哪些知识呢？他们必然会满足于广告商或其他消费者提供的说法，然后硬性接受一套说法、排斥其他的说法。考虑到可供选择商品的诸多种类，大多数有关商品的不带偏见的信息都对消费者帮助不大。总的来说，他们的购买还停留在随机选择的水平上。[6] 这样的选择有何意义？假定某人听惯了大量有关商品的越来越离奇的说法；为确定其中任何说法是否有效，他可以以将身心投入市场，在其中进行一次宏大的体验。上述随机"选择"的有效性与此人的一次体验所能发现的相差无几。就连在最肮脏的赌场里用水果老虎机赢钱的几率也比这种选择正确的几率要高。

在这种架构下的消费者不仅必须绞尽脑汁地考虑商品的数量与种类，而且要同样仔细地考虑它们错综复杂的组成。因为只有为完成大规模生产的任务而在先进的工业秩序下运用最复杂精密的科技装置才能生产出如此大量的物品，而且为制造这些物品所需要的材料和生产模式依赖于如此复杂的生产过程，以至于除了那些有物理、化学博士学位的人之外，有希望理解它们的人寥寥无几。

最近，在"教育能使人成为更有效的消费者"的争论中，一位经济学家为延长教育时间辩护。利用袖珍计算器和最新的《消费者报告文摘》，那些拥有大学高等学位的人可能会比中学都没上完的人相对成功地在商品的莽林中披荆斩棘；尽管如此，他们所做决定的依据仍然不会是对产品本身结构方面的知识的深刻得多的了解。

在个人选择适合他们需要的物品种类时，有关实物的手工技艺知识应该成为决定性的因素。我们或许可以把所需的这种知识称为个人胜任知识，或者更简单地称为经过教育改进的常识。只有当某人运用他本身的感官——嗅觉、视觉、听觉、触觉和味觉能力——和对有机化学原理的合适理解，再加上进行研究与购买的适当时间，他的选择才会实现他自己的愿望，才足以获得能够帮助他实现自己渴望的物质性商品。除此之外，消费者的选择基本上是一个逐渐熟悉有关商品的信息与硬性选择自己当时应该相信什么的过程。人们可以从持续提高的产品更替速率瞥见流行市场架构中的欲望是何等浅薄：一些事物今天看来还是人们不可须臾离开的，但第二天就被认为无法深刻地激发消费的渴望源泉而惨遭抛弃，为其他事物让位。无论表面上看来似乎何等自相矛盾，事实上，高消费生活方式的一个突出效果是，随着消费者在整体消费活动中消耗的时间与资源日益增加，他们对自己的每一个特定欲望的漠视也与日俱增。

另外还有一处矛盾：为避免自己的健康因消费行动受到危害，人们在应用个人或手工技艺知识进行市场选择方面的能力越是低下，他们就越有必要得到这样的知识。科学研究与技术应用方面的持续高速进步使生产商能够向市场大量投入复杂的化合物，其中包括许多有毒物质；消费者在使用这些产品时需要仔细与专注的训练。每种将要在人类身体上实际使用的物品都会分别在动物身上先做实验，但现在对大量这种物质通过生态系统循环而在个人和自然环境上潜在的长远与组合效果却仍旧缺乏足够信息。[8]

但如果没有这些物质,商品的数量与种类都将从当前水平剧减,更不要说人们理想中的未来增长了;因此,现在的倾向代表了无数个人进行的一项庞大的自身实验,这一实验的思想基础是人们对科学的能力的天真信赖,认为它能够通过进一步的创新与新产品的问世来抵销任何有害的副作用。

有些重大问题已经变得十分明显了,以下仅举几例:营养不良与食用过多腌制食品造成的疾病(例如肠癌)存在联系;化妆品使用带来健康问题;食品添加剂与儿童多动症之间存在关系;总人口中很大一部分对定期服用配方药,特别是兴奋剂和镇静剂存在依赖,以及广泛的酗酒;许多广泛使用的化学剂有致癌可能。[9] 考虑到科学知识本身对这些物质缺乏确定的了解,而且这种状况很有可能会在今后一些年持续存在甚至加强,人们将继续在个人知识不足的情况下进行自我生理过程实验。例如,许多医学期刊上的广告详细阐述了现代药品的潜在副作用;只须对这些广告简单一瞥,人们就可以清楚地看到,普通人不得不在何等程度上信赖自己医生的专业知识,而后者信赖的也不过是那些在医药实验室中工作的研究人员的专业知识。无论在研究人员、医生、医院和病人这几个层次的哪一个上面,错误使用药物的机会都会随药品化学成分的复杂性与种类的增加而成正比例增加;最近对医疗实践的批评性研究表明,错误的发生率绝非微不足道。[10] 当然,为抑制某些疾病、尽可能地延长生命,人们情愿碰运气,但这种行为在人类健康和群体遗传学上潜在的总体影响现在尚无从测知。

高消费生活方式所固有的心理危险并不低于其生理危险。一项研究报告称,一名消费者平均每天注意到八十份广告,并对其中十余份有反应,无论是积极反应或是消极反应;但显然,单单是这些信息的数量便足以产生某种行为不协调；因为其他研究已经证明，无论是那些不信任广告或坚信自己不受广告影响的人，或是那些觉得广告信息可信并认为自己容易受广告左右的人，他们的实际购物模式并无明显区别。[11] 没有哪个人有可能独自完成一个复杂市场让他产生的渴望的全部实验；因此生产厂商将消费者总体视为由"先驱者"与"羊群"（此处借用罗宾·马里斯的术语）组成的群体；其中前一范畴由那些愿意冒险涉足新产品领域并期望其他人跟进的人组成。大概我们每个人都有一些先驱精神，所有这些综合起来就驱动了整个群体。

在这种条件下会存在什么样的心理危险呢？我认为，一个人需要的每一个方面倾向于分解为越来越小的组成部分，所以此人就越来越难以将这些成分结合成一个一致的需要组合和一个一致的人格结构。为便于讨论，我们不妨假定人人都需要自尊与其他人对他的尊重。正是由于这种需要，人们培养了某种内在的性情或个人特性，同时也根据变化的社会标准调整他们的外表。今天，人们为满足可接受外表的需要而设计产出的产品数量迅速增加；而这一需要也随着产品数量的增加被分解。人们对待自己的身体的方式，就好像对待那些由不同的组成部分制造而成的物品一样，其每个部分都有各自的要求。头发、脸、嘴巴、眼睛、手、腋下、脖颈、腿胯、腿、脚，它们全都要求使用各不相同的特定化学混合物，这些化学混合物的共同作用会使人们的身体让别人看得心旷神怡，因此就成了赢得益处的手段。这些特定需要的每一种又可能经过了以商品为其表现形式的科技戏法的组合，其组合方式的数量可能高达无穷。例如，一种气味能与世界上任何水果类似的除臭剂可以经过从膏状到粉末再到喷剂的一系列变形。它的包装形式与大小种类繁多，令人瞠乎其后，而且同样的过程会一再重复，永无休止。

这种需要的分解正是人性分解的别称：在外部新鲜刺激日益增加的压力下，"中枢无法维持"。或者可以更准确地说，个人身份变成了一个柔顺的模具，它的形状每天都通过信息的混合而重塑。市场综合征在这一架构下的社会化模式中扮演了何等重要的角色？这一点可以最为清楚地通过从非常不同的社会进入这一系统的成人移民个体的情况看出。我熟识的一位妇女来自一个"欠发达国家"，她是作为多年前来自同一地区的移民的妻子来到北美的。来后第一年，为了克服她的不知所措和社会无力状态，她在白天的大部分时间里独自在家看电视。这些电视节目的内容以及节目中间插播的广告为她提供了商品信息的无尽洪流。只要想一想，人们就会欣赏这种合情合理的文化适应方法。她实际上是在学习如何欲求。

当然，每个社会的社会化过程都在教育人们应该怎样塑造他们的愿望和行为，使之符合构成他们性格的"全盘"导向，符合诠释他们需要的整体观点。高强度市场架构的独特之处在于它必须具有通过适当类型的商品，系统地识别感觉状态的能力。实物的庞大数量与种类迫使人们打碎感官的状态，使之成为越来越小的成分，并教导人们如何将这些细小成分合适地重新组合，这是一门精巧艺术。所谓"完整"，即不同成分的结合，往往变成了商品本身的性质：有些人把最新式的服装精品镶在经过良好除臭处理的衣架上，但却用老式润滑脂而不是最新的喷雾器保养自己的锁；这种人很快就会知道，一个疏忽大意的消费者意味着什么。所有这些说明了相当简单的一点：需要的分解对个人这一方的要求,是让他为保持其身份和人格的完整而越来越多地进行专注的努力。具体地说,这样做的结果就是把时间越来越多地耗费在消费活动上。

几年前,一位瑞典经济学家斯塔凡·林德尔(Staffan Linder)就用于消费的时间问题写了一本博学而诙谐的书。他探讨了一些明显的,但通常被人忽略的基本事实——消费商品需要时间,而人的时间是有限的——中隐含的意义。其中主要的含义是,处于高消费经济中的人们的时间越来越紧张,这一点否定了人们熟悉的观念,即人们享有的可自由支配的时间与工业主义和工人的生产率增长同步增加。无拘束的经济是一位专横的骑手:生产和消费是它的一对双生马刺,它用这对马刺驱策那些它召来为之服务的人们,而人们可自由支配的时间也在那些被它在狂奔中践踏的许多纤巧物品之列。林德尔引用了一些有关原始社会活动节奏的人类学文献。塞巴斯蒂安·德·格拉茨阿(Sebastian de Grazia)曾做过一些当代人时间分配的精细计算,林德尔部分依赖这些计算以支持他论文的观点。[12]

根据林德尔的观点,在追求快乐的过程中存在着一种"增加了的商品消费强度":"可以在以使用商品为基础的活动中找到快乐。不断增加的最清楚的例子……人们不断加速消费,以增加单位消费时间内的消费量。"更高的生产率意味着,花费同样的实际收入可以获得更多、更高价值的物品;所以,必须提高物品的消费,以保证用于追求消费的单位时间可以获得相等的益处。作为一个粗略的例子,可以假设某人能够在用于消费活动的每小时内消费价值50美元的商品(将所有商品的价值平均计算),则50美元/小时就是该消费时间内的消费率。如果生产率翻番,则消费率将变为 100 美元/小时；于是，为保持消费率，此人就必须将同样消费时间内的消费价值翻番。只要这种情况属实，人们的时间就会受到不断增加的消费的压力，因为最后他们需要时间去使用所购买的商品（电视机、高尔夫俱乐部、帆船、野营器具，等等）。所以，在追求快乐的过程中，这一倾向将让人们进行竞争，拥有实物的人以此来彰显自己的不同之处，在那些不拥有这些实物的人中间鹤立鸡群："日益加剧的时间竞争并非一视同仁地打击所有的文化追求。这是因为，在增加的商品量的影响下，不同的文化追求具有不同的改进潜力。赞美引人入胜的云彩的形成或面对宏大世界的冥想，这些仅仅需要时间，完全不需要商品……但这类追求受时间竞争的打击将格外惨重，因为商品将变得越来越便宜，而时间将变得越来越昂贵，并且这些追求所需要的时间不可能由商品取代。更多的商品将不再增加人们获得的喜悦，反而会实际上减少这种喜悦。"[13] 这就是应用于消费的格雷欣法则（Gresham）：人们渴望拥有数量越来越多的商品；这种渴望常常会让不依赖于商品消费的各种渴望贬值。

这在各个方面造成了一种状况，在这种状况下，人们逐渐对其欲望的性质与目的感到困惑。用"这完全是广告影响造成的结果"这样一种过分简单化的方式无法解释这一现象，尽管现代广告业自然是我们对自己的需要感到困惑的决定性因素之一。在制作广告时使用的影像经常混杂着一套模糊的欲望和目的。在此仅举一例说明：最常见的汽车广告往往以优美的自然环境作为展示汽车形象的背景——把汽车放在山峦、海洋、田园风光和其他相对人迹罕到的场景附近。在这里，广告蓄意造成的信息冲击依赖于这些场景对生活于人口稠密的都市中的人们的强大吸引力，以及提醒人们的幕后音：想去一游吗？这种车确属一时之选！当然，如果这真的是千百万消费者购买汽车的首要目的，那些场景很快就会不再人迹罕到了。事实上情况并非如此。一项研究表明，二十世纪六十年代中期，美国所有汽车旅行的93%完全或部分在城市之内进行。[14] 这说明，在这一过程中，人们对他们的欲望与本应是实现其欲望的手段之间的关系感到困惑。

在更普遍的层面上，诸如旅游和野营这类人们喜爱的活动揭示了他们在消费方面对于手段与目的困惑，这一状态根深蒂固。最普通的旅游是通过旅行社安排的"打包"旅游，这种组团旅游是专门为时间紧迫或追求数量效率的人设计的，其特点为人所熟知：通过紧凑的日程安排让人得以访问最大数量的"景点"；安排旅游者在特定的旅店中下榻，这样就可以在异国情调下，经过旅店员工的语言、服务和餐饮烹饪方式的调整，满足旅游者的猎奇口味；旅游者有组织地快速访问高档次文化的多层宫殿；能够证明旅游成功的大批量生产的旅游纪念品和幻灯胶片（这些货物经常是为了旅游业而特别进口的，例如加拿大的"骑警"雕塑即产于日本）；还有旅游团的集体活动方式，于是旅游者便只能通过职业导游的媒介与当地人接触。任何在初夏之晨徜徉于一座欧洲城市的人都曾见过从数不清的旅游巴士中蜂拥而出的成群的度假旅游者，而且知道他们的工作日是何等漫长而又繁忙。对于"打包"旅游经营者来说，他们的对象是单个旅游者本人，要把他们"打包"、精心包装并加以隔绝，令其永远不可能接触不同的文化；从某种实际意义上说，旅游者从来就没有离开自己的祖国，无论他实际上曾经踏足多少地方。

人们也试图以公园里的野营帐篷为基地进行短程旅行，以此接触"原汁原味的大自然",但这种努力也有类似性质。这些旅游者在旅行中尽量多带平时的那些人工辅助装置,正是此举让他们不可能获得与以前有本质差别的经历;运气最好的那些人可以使用野营基地中自行驱动的超大型消遣车辆,上面装备着全套居家装置。训练有素的基地工作人员组织自然景观,他们采用的方式与旅游经营者组织外国文化的方式大同小异。他们安排了穿越"精心管理"的森林的远足活动、制订了离开野营基地的时间表,还在露天剧场中放映夜场电影,为那些没有足够时间亲身体验的人有效浓缩并诠释他们可能获得的形形色色的经历。时间很宝贵,有这么多景点需要参观,所以只能透过高速行驶的车辆的窗户扫视,而这些车辆在连接各个不同野营基地的大路上穿梭行进。为观看那些现在还无法通过机械传送接近的景点,人们可以购买全套各色幻灯胶片。

像旅游和野营这类活动让人窥见了人们在欲望和目的上的深层困惑。人们只能体验到那些经过多层商品组成的筛子过滤后的东西,这些商品包括旅行用的物质装备、大批量生产的纪念品、预先计划好的菜单、告诉人们应该看些什么东西的种种解释性说明;这些商品把丰富多彩、五光十色的自然环境和人类文化提纯为标准的感觉状态。这实际上是以实物模拟人生经历。[15] 在经过多层商品的过滤之后,自然与人文环境被逐步简化,被纳入了更为圆滑的规则之内;那些可能打扰日常经验正常运转的粗糙粒子被截流、被去除了——否则它们可能会惹出不依赖获得物的感觉方式。

这种对经验的压缩为一切工业化市场社会未来的可能发展提供了线索。需要和商品在这一社会实践中精密地联系在一起,这一社会实践的非常令人吃惊的一点是：人们或许最终会证明，在工业化国家中，与需要和商品紧密结合的物质挥霍并非必需。当前，人们可以把以商品为媒介进行的对经验的模仿视为一种训练，或者是一种巴甫洛夫条件反射过程。体现信息的实物或许可以在一段适当的时间间隔内去除，那时光靠信息本身就能管理欲望。马丁·克里格（Martin krieger）曾非常清晰地给出了这一过程的结构动态模式。他探讨了社会满足对自然环境需求的可能方式，这为更普遍的可能性提供了深刻的见解："自然环境的供给受到可操纵生物过程、信息与含义的科技的影响。创造了稀有环境的广告业，也能够创造大量替代物。特定环境的供给可以通过强调人们通常认为了无情趣的环境的某些重要与稀少的部分而得到戏剧化的增加，当然，这种强调方式对那些能在各组相同的"牙膏"之间制造差异的人来说并非不寻常……很有可能的是，我们将想要应用我们的科技去创造人造环境。我们或许可以创造这样一种环境，它能让人对发生在其他时间地点的其他环境产生共鸣。或许，通过改写历史来操纵记忆，环境将会产生新的意义。最终，我们或许会想要通过替换与模仿创造代理环境。为创造替代物，我们必须通过广告和社会实践为新物品赋以意义。对于欣赏替代环境来说，有关差异的精妙解释将会变得非常重要。我们或许会通过照相、录音录像、模型，甚至通过在大脑内部进行操纵来模仿环境。实际上，我们在自然环境中的经验或许会比我们想象的更容易控制。人们已经创造出了人造大草原与荒野，因此大家应该没有理由认为这些人造环境会让经历了它们的人感到不满意。"[16] 最近的一则无线电新闻报道提到了德克萨斯城的一处为野营者提供的多层汽车停车场，其中每个停车位上都铺着塑料草坪，四周的水泥墙上也投射着荒野景色和野生动物的活动影像。这一报道或许并非真实情况，如果真是这样，那它就是在预期以后会发生的事情。

这样的远景以其违反常理的方式令人鼓舞，因为我们最终或许没有必要为潜在的材料与能源短缺过分担忧。高强度市场架构会像机械装置一样为渴望教育服务。人人都经过了商品的多层纱网的模仿训练，现在那些事物与信息组成的精细网络可以逐渐替代事物本身的复杂形象。经过这一社会过程的足够训练之后，人们可能会发现，近似于赫胥黎在《美丽新世界》中描述的那种臭名昭著的"可感觉艺术品"的那类刺激，能令人满意地复制整个经验世界。

1.2 欲望永无止境

人们经常会在现代社会理论中读到如下命题：人类的欲望或需要是无法满足的。（我将在本论文后面提及区分"欲望"和"需要"是否明智的问题）在经济学与心理学论著中这一命题的出现频率极高。以下例子来自一部经济学教科书："就一切实际目的而言，人类的欲望可以被视为无止境。偶尔会有人拥有他想要的一切，但人类具有在满足了既有欲望的同时立即创造新欲望的能力，这一点在心理学上广为人知。"[17]这位研究美国消费的当代大权威以如下论述说明这一观点："美国人对提高自己福祉的能力满怀信心，他们提高自己欲望的速度等同于，甚至高于他们取得成就的速度。"[18]

如果我们不去仔细检查这一命题所蕴含的意义就直截了当地接受，认为它合理地陈述了我们的状况，我们似乎就面对着一个无法解脱的两难境地。因为无论我们的社会可能变得何等富足、其生产力何等发达，我们总会要求得到更高的生产率和更大数量的商品。如果继续沿着这条路走下去，我们就将要面对令人惊愕的需求，而本书序言中引述的材料需求规划就给出了这些需求的一些概念。在这种条件下，社会就将不可避免地把一切注意力唯一地集中于如何组织生产的能力上面，以期这一能力与我们持续加速的需求同步。

人们在关于这一问题的大部分讨论中理所当然地认为，欲望永无止境指的是对商品的欲望，也就是对实物，以及为使用和享受这些实物所必需的服务的欲望。人们认为商品是满足渴望的一种手段，其作用是连接某种欲望和这一欲望的对象。然而，要具体说明这种连接的本质和它在消费者的日常活动中起作用的方式是非常困难的。对所谓欲望无法满足进行的绝大多数描述所犯的主要错误是，这些描述完全没有试图弄清这两者之间的连接。在一切社会架构下，欲望和需要代表了人们复杂的感觉状态，而在市场经济的高级阶段，在愿望和满足的种类之间的联系是高度模糊的。

当市场经济发展到今天更为富有的工业化国家中流行的程度时，人们在诠释他们的需要时面临着一些问题，当前的绝大多数讨论都未能成功地探索这些问题。当人们将其需要从相对有节制、改变商品种类比较慢的模式转变成为能让商品的种类发生广阔而迅速改变的模式时，他们就必须重新诠释整个模式。就以某些食品为例，尽管它们会同时在两种模式中存在，但其质量却十分不同，而且每种食物在整个食物阵列中处于不同的地位。人们对每一种食物的熟悉程度——即我所说的与物品的质量有关的手工技艺知识——都不可避免地减退了，同样减退的还有这种食物是否适于他们需要的独立判定能力。因此便出现了人们错误地诠释他们的需要和令其满足的可用手段之间关系的危险。

可举心理学家研究了一段时间的肥胖问题为例，以说明这种情况发生的方式。源于过量消费食物的肥胖现象与忧虑和压抑状况有关；同时人们认为，后者的根源是个人在受人接纳、得到赞赏和取得成就方面的需要未能成功地得到满足。[19] 这些社会相互关系经折射与扭曲反映在摄取食物上，形成了过量消费的模式；这意味着，肥胖症患者对体内有关食物需要的生理决定性因素相对地缺乏反应，而主要对环境中的外部暗示产生了反应。在这种状况的极端情况下，有些人错误地诠释了他们的需要，从而损害了健康。患有肥胖症的人一直坚持一套欲望，以压倒一切的单一满足方式解释他们环境中的信息、提示和刺激，而不是按照正常的方式在不同种类的商品上分配他们的欲望目标。这一过程的一个经典的虚构形象是根据伊夫林·沃（Evelyn Wangh）所著《受爱戴的》（*The Loved One*）一书改编的电影中卓伊布伊先生的母亲。实际上她放纵于暴饮暴食，但同时又从电视上播放的食品商业广告上得到感同身受的满足。

在高消费社会中，为在其他商品存在的情况下确定任何一种或一组商品的广泛使用程度，人们必须依赖社会提示。如果某位先生从头到脚都毫不吝惜地使用一种多用洗液清洗，人们对他的评价会低于另一位先生，因为后者正确地选用洗发水、剃须后用的润肤膏、漱口水、爽身粉、香水和各种除臭剂的组合与用量。

而且，人们会依赖这些提示，首先弄清如何依不同情况装备必备物品（因为在正式宴会上必需的东西用在钓鱼旅行上不合适）；然后知道，根据社会品位的要求，他们应该在什么时候增加必备物品，甚至更新换代地改用"改进了的"产品。

病态消费行为（例如过量消费食物）是一切人际与市场刺激经某种方式折射的结果。根据商品的数量、种类和相对重要性，定期重新安排自己所期待获得的满足的分配方式，具有这种能力的人处于正常的消费行为状态。满足程度是个人问题，无法客观衡量，因此必须有一套市场行为的常态与合理化的公共标准；当新商品问世时，在某些参数之内改变欲望便提供了这样的标准。在肥胖这一例子中我们能够看到一种不正常的状况，这一问题在数量方面如此明显；但只要某人一直只是追随某些因素——例如食品在包装、处理方式等方面发生连续的创新过程；而每次发生这一过程时此人对食品的渴望会有所转变，这时我们可以说他的表现正常。为寻求满足所做的努力——它是一个受个人性格影响的"密集度"经验——就具有了"广阔度"，当人们愿意根据扩大的商品种类调整自己的需要时。

有关人类欲望无法满足的命题是模糊的；首先，这是因为在我们的社会中，需要与商品之间的关系如此模糊。在这一架构下，想要知道欲望的满足代表什么是很不容易的。在先进的工业化社会中生产的商品的复杂性在此具有非常重大的意义。它们并不是简单的物品，而是由许多特性、质地和"信息"组成的不稳定复合体（这一点将在本书稍后详加讨论）。如果人们将现代消费者的状况与更为局限的市场经济下购买者的状况相比，就能理解产生在这一架构下的问题。例如，人们可以在十八世纪的报纸中读到商人的广告,广告中宣告一艘货船业已到岸,许多商品可供选购,其中包括焦油、铁钉、茶叶、布匹等。这些物品的质地是相当明显的,当时可以通过人们的平均手工技艺知识评估;换言之,在这一架构下,需要和商品之间的联系是相对简单的。

反之,在高强度市场架构下,与人们的欲望结合的感觉状态以及商品的多维方面都是高度复杂的,因此需要和商品间的互动复杂性呈指数增加。在以往过程中,"新"的欲望是伴随过去存在的欲望得到满足而出现的;对新过程采用对以往过程的传统描述方式就过于简单化了。在新架构下,人们不断地根据市场经济的扩大重新诠释他们的需要,让欲望变得越来越不一致,欲望的目标越来越不清楚、越来越不易辨认:"符合现代精神的消费者不仅积极参与市场过程,而且根据情况的要求改变自己的行为,因此能够促进甚至预期新的科技发展和生活方式。"[20] 随着需要被分解为越来越小的成分,以及这些成分不时被重新组合为消费过程中释放的短暂渴望或感觉状态,在任何时刻,欲望的满足达到的程度都变得十分难以确定。

今天持续出现的大量新商品既向人们承诺了对其欲望的满足,同时也促使人们对过去存在的商品阵列感到不满足。令人眩晕的欲望与商品的狂舞在人们面前展现了永恒变化的满足与不满足的总体组合;这一总体组合本身无法分解,人们唯一能够做的,只是越来越广泛地参与市场活动。换言之,个人受到鼓励,不断地改变他的满意与不满意的总体组合,即从拥有一套数量较少的商品向拥有一套数量更多的商品转变(或者向拥有几套更为精美的商品转变)。

乍看上去,这一庞大生产系统的发展动力来自需要与商品的互动，它似乎像一个自动膨胀的封闭球体：欲望本身中意的目标与多得不可思议的实物混淆在一起，人们必须努力寻找一个能让他们清楚区分二者的切入点。当今关于需要的理论和关于消费行为的理论尚未尝试在这一体系上发展一种批判性的观点。本书第二部分以此目的为己任，给出了有关需要和商品互动的理论。

2. 社　会

任何社会——其中包括上节描述的那种市场架构——所必须面对的主要制度问题是什么？这样的社会鼓励其公民追求自己需要的满足，并且越来越把这种满足导向单纯的消费活动，而且要通过部分地忽视个体自我实现的所有其他可能性（诸如具有创造性的工作与令人满足的工作环境）来完成。所以，社会的精力就必须主要用于保证得到足够的物质手段，以保证一直扩大的经济持续发展。当全球市场经济增长到了现在比较富裕的工业国家中流行的那种程度时，公众对资源和能源的可能匮乏的担忧就变成了日常生活中众所周知的问题。

维持高强度市场架构的生产系统依赖于公共板块与私营板块的高度集中组织与系统规划。今天所有的资本主义社会都有一个一般共识，即政府应在监管关键资源的使用与发展以及经济增长节奏方面承担一部分的重要责任。这一活动导致了许多富有争议的问题，我只评论那些与本文的主题直接相关的问题。

2.1　匮乏的威胁

我在几年前出版的一本大学教科书中找到了对我们状况的

如下解释:"匮乏是人类永远要面对的一种状况,因为总资源量在任何时刻都是固定不变的。"[21] 根据这种人们经常以略有不同的版本不断重复的阐述,匮乏似乎是人类状况的固有特点。这一阐述确定了我们在人类与可用资源的关系上两难处境的来源,其隐含的意义是:或者大自然没有赋予我们这颗星球以足够丰裕的资源,或者我们当前的手段尚不足以让我们得到足够的资源。无论是哪种情况,它都是一种单方面的硬性阐述。我们或许可以从另一个视角出发,认为资源本身足够丰富,但由于人们对其以挥霍无度、不公正与不合理的方式分配,因此才造成了匮乏。根据这种观点,匮乏是一种社会制造的状况,是生产活动的特定组织方式造成的。无论可供选择的商品供应量何等巨大,匮乏的威胁是我们当前社会的一个永恒特征,因为物质要求的加速增大正在进一步把个人推入满足与不满足的模糊组合的深渊,因此让个人对其需要和可能的满足来源的许多方面产生了更大的困惑。

现代早期,一些支持扩大的市场经济的最有影响的人物为"匮乏植根于主流经济的生产力局限性"这一广为传播的信念奠定了基础。他们认为复杂的市场经济具有优势,并为在此之前的经济体系描绘了一幅阴暗的图画。例如,他们将狩猎与采集社会的人们描绘为永远处于普遍饥饿的边缘;认为出于勉强维持生命的必要,那些社会的成员在一切不睡觉的时刻都在心力交瘁地搜寻赖以糊口的食物。根据这种观点,人类只是在进入定居的农耕社会后才勉强脱离了他们的苦难岁月,因为农耕社会中出现了交换与市场繁荣,而且人类在那时开始了痛苦但却令人振奋的文明征途。

这种图景不是过分夸大,就是对真实情况的完全曲解。人类学家马歇尔·萨林斯(Marshall Sahlins)在题为《最初的丰裕社会》(The Original Affluent)的有争议论文中提供了推翻以上解释的例证,其中罗列了证据,说明在正常情况下,狩猎与采集社会维持了满足的足够水平;而且与此同时,其工作日没有我们现在的那样长。本书不拟评价这些相互对立的解释;由于证据不足,这一争论或许无法得出肯定的结论。但萨林斯的论文带有重新讨论整个人类社会匮乏问题的更广泛目的,他试图击败现代方式的推崇者:"是市场——工业体系以一种前所未有的,而且在某种程度上是后来者的方式造成了匮乏。"[22]

这是什么意思?萨林斯认为,匮乏是"手段与目的之间关系的结果";实际上,感觉到的或认识到的匮乏是评价社会安排——人类族群通过这一安排来组织他们希望有的对于需要的满足——成功或失败程度的唯一可靠指南。如果我们将匮乏视为我们的欲望和能力之间的不一致,我们就能够理解匮乏会与社会财富和生产力同时增加的可能性。

通过这种视角的观察,我们发现匮乏并不是资源与欲望之间的简单关系,而是一种复杂得多的相互关系;这种相互关系一方面是通过社会相互作用的特定形式对人类需要的诠释,另一方面是周围环境的物质方面在多大程度上变成了试图满足那些需要的对象。因此,我们不会假定人们总是以同样的方式清楚地表达他们的需要,也不会假定他们总是主要地把自然环境视为或大或小的资源的储藏间。这一假定与我们已经开始变得熟悉了的假定——即人类状况的特点是与欲望相关的资源的永久匮乏——甚为不同。

更为富有的工业化国家越来越担忧它们未来的短缺与匮乏；如何才能把这一替代性假定运用于这些国家的状况呢？这一社会是如何创造了日常的匮乏经历的呢？这是一个复杂而又微妙的过程。作为一个例子，让我们假设，为使我们的社会赖以生存的无数日常交流变得更为流畅，这一社会要求人与人之间有更高程度的相互尊重；我们可以相应假定，所有生活在这样一个社会中的个人需要相互间的尊重。怎样才能满足这样一个社会及其成员？尽管这样做有过分简化情况的风险，下面我还是只考虑两种方式，并以极端的形式描述每一种方式，以期澄清正在讨论的这一问题。作为一种极端情况，我们可以想象一个已经经过了社会化发展过程的社会；在这一过程中，该社会的成员已经通过内省反思、在儿童时期及此后遵守规则、在有规矩但不是等级森严的架构中接受教育，以及在工作环境中创造自我表现的机会等，发展了个人的自我身份与相互尊重。而在另一种极端情况下，社会等级次序或许能通过购买商品——服装、修饰物、香水、私家车、大学学位、外貌改进技术等，而且这些全都按照时尚的标准时时更新（而且更新速度越来越快）——相当紧密地与个人自我身份和相互尊重相联系。讨论的基本点是，这两种情况下的相互尊重可能在某种程度上都不甚充足，但在第二种情况下，这种不足将与许多刚刚提到的物品结合，而将这些物品与尊重不足联系的则是商品导向的社会化过程。

存在着一个与商品增加相联系的"匮乏心理"，它是满足需要的手段。[23] 这种匮乏心理来自种种社会相互作用，人们通过这些相互作用互相怂恿，从而得到如下信念：每种商品都有与之结合的需要；如果无法购买这种商品，他们就根本不会有任何满足这种需要的希望。根据大部分人参与这一过程的程度,满足任何需要的来源将会与正在讨论的特定商品同样匮乏。

人们经历的匮乏可以在可能的供给的整个连续统一体的任何一点出现。甚至针对某一特定需要的最为精密的物质提供手段也很少会保证完全符合需要。对此北美的个人交通工具是一个很好的例子。当前北美私家车的数目是总人口数的一半;当然,这些车辆的分配是不均匀的,但即使每个人都能拥有一辆私家车,这一事实本身还是无法保证每个人都得到必要的乘车机会。究其原因,就在于人们对乘车机会的要求取决于社会总安排,例如工作地点和居住地点的实际距离。社会总安排或许会让个人乘车困难与不断增加的个人和公共机动车数量同步增长,甚至前者的增长快于后者(即更为匮乏)。[24] 总结构的复杂性剥夺了个人直接依赖可以动用的手段(诸如他们自己身体的驾驶能力)来有效发挥满足他们需要的功能。

简单地说,对任何试图保持高强度市场架构的社会来说,隐藏着的两难处境就是:即使持续增加的商品阵列也无法减轻人们在日常生活中受到的匮乏的威胁。这一两难处境植根于这一架构的基本特点,即其将所有需要导向商品消费范畴的倾向。

按照定义,商品即相对稀缺的物品。由此,当需要的满足范围越来越接近于由可用商品的范围确定的时候,人们经历匮乏的潜在范围就将与商品的数量成正比例增加。然后,每时每刻,商品的种类同时也是社会导致的匮乏意识的种类。这种社会受到在整体社会层面上增长的财富与个人层面上强化的匮乏经历之间持续矛盾的困扰。无论它多么努力地(或者多么成功地)寻找更多的资源与能源的供给,这一矛盾也无法解决。

2.2 管控负商品

材料与能源在生产与消费过程中通过自然环境循环。由此造成的"剩余品"（气体、悬浮粒子、热污染、固体废物等）的数量已经达到了极大的比例，当然，在工业化国家中尤为如此。[25] 在这一领域中，诸如财产法等现有制度框架就新的问题进行调节的速度甚为缓慢。最近的一项经济学研究总结道："我们认为，商品的'最终消费'应该指的是诸如燃料、材料和成品等商品仿佛以某种方式消失成为虚无的过程；这一实践过程只有当空气和水差不多成为实际上的'免费物品'时才是相对无害的。"[26]

我们一直都在依靠我们周围的空气和水来消除与循环利用废物。因此人类对于自然环境有着双重依赖。不断增加的物质要求改变了我们对自己与环境之间关系的看法，以至于我们几乎完全倾向于把人类以外的自然当成资源的仓库和废物的倾倒场所。这就意味着，匮乏有着两个方面的威胁。因为按照当前的经济增长速度，"人类很快就将面临两种无法补救的匮乏，即那些囿于自然资源的有限性造成的匮乏，和囿于生物圈有限的吸收能力造成的匮乏"。[27] 第二方面的潜在匮乏向工业化市场社会提出了一系列特别复杂的问题。

商品是物质性的物品和人们渴望的服务；得到与使用它们本应是满足需要的手段。正如我们上面指出的那样，生产和消费商品必然会产生负商品，它们是产品的剩余物或废物，必须在环境中加以处理。科技研究使人们得到数量庞大的新物质，工业生产为人们提供了新商品系列,后者能够保持对高消费理想的刺激。工业生产同样造成了大量残渣:气体(如 CO_2、SO_2 等)、悬浮颗粒、碳氢化合物、磷酸盐、杀虫剂和除草剂、受污染的水以及许多其他物质。当这些物质大量产生的时候,人们无法顺利、安全地在环境中把它们全部清除,它们变成了负商品,即人们不想要的物品,当我们处理它们时就提高了成本。这些成本可能会直接提高商品的价格,例如在工厂里安装污染控制设备就会造成价格的提高;或者它们可能会增加公共开支,诸如由纳税人支付的污水处理装置。

因此,为避免让这些危险的残渣随便倾倒进入环境造成严重的健康问题,社会必须通过各种制度响应来承担管控负商品的责任。希望维持高强度市场架构的社会必须采取某种方式让全体社会成员保持对商品的高度利用,以便管控负商品。这一过程有许多方面;作为说明,我将评论其中两种——被分隔的商品和负商品,以及只处理这一状况的短期问题的倾向。

其中有些问题跟个人对商品的知识有关,前面已经讨论过了。这一问题的一个相关方面涉及个人关于负商品以及商品与负商品之间关系的知识。首先,由于现代工业过程的复杂性和工业上使用新化合物的迅速程度,人们需要相当长的时间才能获得使用这些物质会有何种潜在危险的知识。最近发现在制造塑料时使用氯乙烯有危险,就是这方面的一个例子。在这种情况下,受到最直接影响的是每天暴露于有毒物质的生产工人。在这里,这二者之间的分离与从事生产者的更高风险和全体社会成员因消费增加而获得的总收益之间的差值有关。

迄今为止,公众已经反复争论过石棉、铀和氯乙烯一类物质在许多不同产业中对生产工人的致癌作用与其他作用。然而，或许还会有一些普遍的环境威胁，人们对其尚不知晓或仅仅是怀疑，但它们却可能影响所有社会成员。人们最近广泛注意到了这种可能威胁中的一种，就是用以推送喷雾器内含物质的气体，它们可能影响大气臭氧层。由于获取有关信息的足够科学知识存在着固有困难，因此人们分隔了消费者使用喷雾器所能获得的直接好处与上述气体对环境的潜在威胁。人们不希望中断这些生产过程，这导致他们需要给出有关危险的"结论性"科学证据；但这类问题如此庞大、复杂，以至于当这种证据来临的时候，或者人们已经错过了时机，无法补救；或者人们得到了这种证据，但为减轻情况的严重性所必须付出的代价已经大幅度增加。

跨国公司的经济结构让商品与负商品之间的另一种分隔成为可能。为应对先进工业社会内对污染物排放的更严格限制，一些公司已经开始把一些产品的生产转移到还没有这些规定的欠发达国家中。例如，石棉生产就有这种情况发生。[28] 制成品几乎完全在工业化社会中消费，但生产国的居民却为换取经济利益而遭受环境风险。而如果两地流行工资的差异大于运输或其他费用，则生产成本甚至可能会降低。在任何情况下，享用商品的人都不必（至少在现阶段）经历生产剩余物对环境造成的影响。

现代工业过程造成的负商品经常是复杂的物质；在大多数情况下都没有关于它们对环境影响的可靠信息，而且要得到这些信息无论如何都是困难的。人类活动对空气和水的污染早已不是新闻。真正的新闻是新近开发的化学剂的复杂性与种类，以及它们被应用于大规模工业过程的迅速程度。更容易暴露的短期污染问题可以通过立法与公众监督以可以接受的参数加以控制。但对负商品的管控通常涉及某些费用的增加，这些费用最终会表现为商品价格的提高。为维持我们现有的进程，那些由现代工业生产导致的、现在尚未知晓的远期环境威胁常常会被轻描淡写，以尽量减少短期成本。

我在本书前面某一部分中提出，在这一市场架构中的人们为回应新商品的不断面世而在生理与心理方面实验他们的需要。当代社会管理负商品的方式表明，在整个社会层面上，对潜在环境威胁的普遍实验活动可以与这些人的实验媲美。根据当前的一般常识，如果要在我们的生产与消费活动中限制使用某种问题物质，我们就要首先证明它会引发危险。但科学家实验室中得到的证据标准可能并不适于我们用来实际考察某种物质对环境的影响。无论社会或生物圈都不应被视为我们能够在其中随心所欲地进行渴望实验而又无须顾忌可能造成危险的实验室。

既然公众已经对这些已有的危险有了某种程度的认识，我们就可以期待，人们让商品与负商品保持分隔状态的尝试将会成为一个越来越复杂的社会问题。人们曾为污染水平制定了环境标准，并认为这种标准可以受到广泛接受；但最近的经济衰退告诉我们，这种标准是何等脆弱。当经济问题刚刚露出迹象时，人们就开始呼吁放宽实际上刚刚存在不久的最低警戒线（是否已经实施尚待讨论）。为维持高强度市场架构在政治与经济上的利益，人们施展了强有力的短期压力，反对任何对这一架构活力的可能威胁。对剩余物长远的环境冲击和负商品的经济成本的估计不得不基于极不恰当的信息之上，当前基于环境危险方面的考虑而对抗这些利益的压力还非常弱小。在这种架构下，人们还无法期待个人会主动认识商品与负商品之间的关系，并在这一认识的基础上重新评价他们的欲望；简言之，人们还没有联系现今日用商品的生产与消费中发生的潜在环境危险来安排他们的欲望。

在可预见的将来，对负商品的管理将由一套环境标准控制，这套标准是在考虑了科学知识与政治上的权宜的相互影响下制定的。它基于如下事实：持续地增加商品供给仍旧是我们压倒一切的社会目标。我们现在还无法确定，有关远期环境因素的更为丰富的知识是否会或以何种方式让人们重新思考这一目标。

3. 人类之外的自然

控制我们与自然环境的关系不但要考虑我们自己的需要,同时也要考虑自然的需要。这种控制有何等重要的意义?现代工业社会的负商品和剩余物问题为此提供了最为清楚的指示。我们对自然资源的要求越高,我们就越是依赖于自然为满足我们的需要而进行自我调节的能力。然而我们非但没试图去了解我们对于生物圈再生能力的依赖,反而越加陶醉于我们不再受到前现代时期的人类所受到的种种限制。人类已经通过现代科技征服了自然的信念鼓励了对于地球上许多生物的共同利益漠不关心的态度,我们或许会在将来为此付出沉重的代价。

这种对与人类活动有关的生态环境漠不关心的态度几乎充斥于一切有关人类需要的现代讨论。人们已经集中探讨了与个人心理以及人与人之间的社会纽带有关的人类需要的结构,但却没有考虑人类与人类之外的自然之间的关系。只有人类学研究经常清楚地提及生态环境。[29] 但认为这一环境只与原始人类的社会实践有关的看法是错误的。如果人们忽略了社会的第三维度,即在每一个人类社会组织中隐含的与人类之外的自然世界的关系,他们就无法完全理解任何社会环境,包括当代工业化社会的高强度市场架构下人类需要的特点。如果我们仔细地考察对现代历史有深刻影响的一些对自然的态度,我们就能更清晰地洞察我们社会中的人类需要问题。

3.1 征服自然

自十七世纪以来，最强大的思想潮流之一就是坚信：人类应该而且将会通过现代科技的进步"征服"自然。[30]人们可以从每天的报纸上、政治家的演讲中和大部头哲学书籍中找到这一思想的印记。它的生命力透过理论与实际应用之间的联系奔流不息。征服自然不仅限于考究的数学、物理公式，而且还有经过验证的对自然环境的实际掌控。科学、技术和工程并非孤军奋战，而是紧密合作，实现了征服自然的壮举——这样做是必须的，因为据对这一事业最有影响的解释说，这一事业的目的显然是实际的：是为了满足在迄今为止无法梦想的范围内实现人类的意愿。或者可以用弗朗西斯·培根壮丽的词句称之为"就此结束人类财产的不方便之处"。

征服自然的世俗想法来自一个更为古老的观念。作为人类与人类之外的自然之间关系的陈述，它源自西方宗教与哲学的一个流派，从属于该流派的人们认为精神绝对统治物质，而人类享有对地球上生物的独有统治权。[31]这一宗教与哲学的观点是建立在人类参与的、独立于自然的观念（精神王国）之上的。人类之外的自然只不过为一部精神话剧提供了舞台布景，剧中的演员完全由人类组成。当这一观点世俗化之后，由人类支配自然就被人类视为他们自己的科技的创造性的结果，而非来自上帝的礼物。但它掩盖了这种逻辑的一个根本缺陷，就是冒昧地假定，人类控制自然的世俗过程——来自科学、技术与工程生产的合理性的成果——本身是在理性控制之下的。控制自然的理念无法离开这一假定。试想，如果某种力量并非它自己的本性的主人，但却可以支配它的环境，这岂非咄咄怪事？培根看到了这一困难并认识到了它的严重性，便以如下权宜之计进行解释："只让人类恢复这一神祇馈赠的对于自然的权利，并让它获得权力；这种力量的运用将由上等的理性与真正的宗教所主宰。"[32]

但如果宗教被证明无法胜任这一任务又将如何？那时，那些在培根眼中"充满了野性与未经实现的意愿"的万物之灵们的情况又会如何呢？那时又将由谁掌控这些规模日益庞大的力量呢？[33] 通过对自然的世俗统治，人类生活的物质状况将会得到巨大的改变，但人类自身的习性将继续按照既往的进程发展。主宰该物种及其环境的力量的不稳定的平衡将突然偏移，其后果无从预测，因为社会过程——人类科技能力通过这一过程迅猛发展——并没有受到任何方式的理性引导。

按照培根富有影响力的观点，由于人类历来不愿意承认他们掌握了为人类的野心服务的奴役自然的能力，"人类财产的不方便之处"还将继续存在。[34] 培根并没有声称，未能实现对自然的统治是人类不方便的原因；也没有声称他知道这一原因。但他确实主张，无论什么是那些不方便之处的缘由，征服自然将会补救这些不方便之处。他的这一观点赢得了大量支持者。

征服自然的主要目的之一是要最大限度地为满足欲望提供可供选择的物品，这实际上是要保证科技与工业不受阻碍地增长。因此，这一观念不仅赞美有组织的人类创造力塑造其环境的能力，而且还支持有关人类愿望特性的一种观点。后者在同一时期由霍布斯开创的现代社会理论的另一个流派做出了清晰的说明,其中欲望无法满足和永久的匮乏据称是人类社会行为的标志物。[35] 欲望的无法满足植根于人类的社会特性之上,它意味着征服自然并没有确定的目的,也没有必然的终点。这一理念认为,我们进入的是一个轨迹永无休止地增大的螺旋运动,在这一运动中,对自然控制的增强保持着它与新生的欲望的同步前进。这里存在着一个基本矛盾,因为这一理念描述了一个据认为不能对其自己的行为实施任何理性控制的物种,但这一物种又同时宣称,它想要通过其理性的科学与技术把所有人类以外的自然置于它的无可争议的控制之下。

如果我们接受这一对人类特性的描绘,我们可以据此解释我们之前的社会发展阶段,把它们作为一系列权宜之计,认为它们是人们为解决相对于欲望来说不够充足的可用资源这一问题而设计出来的,而且能够从它们明显地致力于尽可能多地提供物品着眼,看到工业化国家当今安排的优越之处。换言之,我们将在这种意义上把"进步"理解为我们追随这种安排的能力,无论它们会在源于我们的社会本质而产生的无止境的物质要求方面把我们带往何方。因此,不妨说,我们将只会"服从"我们的本性。对于一个进行了如此强大的努力以征服自然的物种来说,这难道不是一种十分古怪的行为吗?我们是否该相信,这一现代社会在其上开始的庞大事业一旦自行冰消瓦解,会成为一个千古之谜?我们是否该相信,追求人类对于全部人类以外的自然的控制的原因,是为了让我们能够最后解放我们自己的本性,以便它得到一切事物都不享有的所谓"自由"?

乍看上去,这些问题代表的似乎不过是就本性这个词的模糊含义所做的文字游戏。但我认为,它们的意义并非仅此而已。总的来说,征服自然和欲望永无满足这些理念是一种具体的、发展的社会实践的抽象表达。它们表达了人类在自己与自然环境之间的关系上的特定发展方向,说得坦率一点,就是它鼓励个人把自然完全看成人类欲望的支持体系。这种观点认为,我们与除我们之外的自然的关系的唯一原则就是后者为我们提供需要的物质。这一点的意义看上去似乎并不很重大。但我确实认为,通过这一分析途径,我们能够更为清楚地看出现代社会的新颖之处。这一社会体系为寻求足够的资源而以它现存的形式有系统地掠夺地球,甚至还把它贪婪的目光投向其他行星上可能存在着的尚未开发的宝藏。这样的社会制度在人类史上首次出现。

3.2 自然:手段与目的

马克思声称,在现代资本主义的影响之下,"有史以来第一次,自然变成了一种纯粹为人类所利用的物品,纯粹的有效用的东西;它本身不再被人们看成一种力量……"[36] 他认为,这一发展是资本主义 "文明"推动的结果之一,它让人们抛弃了所有古老的自然崇拜形式,那些形式曾在专制社会制度中扮演过角色。换言之,人们曾为维护传统的制度(诸如政治秩序)而认定它像正常人类社会的元素一样,是宇宙的"自然"秩序,是不可更改的。

当资本主义在自己的发展道路上走过了几个世纪之后,它完全摈除了认为政治制度之所以是正当的,原因就在于它建立在自然秩序之上的观点。[37] 人们不再以政治制度的结构是自然的一部分为基础维护这些制度。人们逐步开始把自然视为一个纯粹的物质体系，它通过普适的原理运行。这种观点认为，自然内部并没有固有意志，所以人类通过科技发明让自然服务于自己的意志也不存在违反自然秩序的可能。将宇宙中的一切排除在外只留下人类的意志，这意味着有史以来第一次，人类可以用纯粹功利主义的观点看待自然。

我这里所说的功利主义的观点，指的是某种为满足需要而有意识组织的活动。使用工具是这种活动最普遍的形式。功利主义的观点始终是人类进化的一个因素，因为人们在考古学发掘中就曾与早期原始人类的骸骨一起发现了工具。但在每一个前现代社会中，高度发展的符号范畴能够最有效地说明人类能够利用自然程度的限制，而这些符号范畴中最杰出的画面是保留给神祇的"神圣"场所。功利主义的观点因此受到了不同程度的禁止与限制。而这种最初图像一旦与资本主义的社会实践相结合，所有这些限制便全都烟消云散了；后者以发展的眼光认为，社会的目标是通过自我管理的市场经济尽可能地提高物质生产力，并废除了当时存在的对于经济活动的限制，诸如在大部分情况下不允许劳动力与土地进入交换的限制。这一发展倾向引导着人类的认识与活动，其引导方式让人们意识到，自然环境可以被视为一个我们仅仅可以从中得到潜在资源的储藏室。

这一转变是怎样在理智方面形成的？弗朗西斯·培根的著作又一次为此勾画了一个非常清晰的画面。培根区分了三种不同的野心：个人的、国家的和物种的。第一种野心代表了对个人拥有的权力、地位和财富的竞争，这一竞争是在某个特定社会内的人与人之间进行的；第二种野心是在民族与国家的国际社会中争夺领先地位的斗争，通过商业与战争争取；而第三种是人类征服自然的普遍追求。他主张，这三种驱动力可以在人类努力从事的事业中按照是否合适的顺序排列。由此，因为个人的野心本质上是粗俗的，不值得提倡。他只是有条件地赞成国家或民族的野心，因为在某种意义上，这只不过是个人野心的放大而已。但他认为第三种野心是"纯粹的"；从道德的立场上出发，只有这种形式的野心我们可以无条件地赞同。[38]

为什么？根据什么，以人类征服自然为代表的物种野心能够配得上这种崇高的地位？培根没有直接回答这一问题，但在他的评论中隐含着回答。在正常情况下，任何出于个人或国家野心所获得的成果都是以牺牲他人或其他国家的利益为代价的。按照培根的观点，追求个人利益和国家利益是一种零和游戏；由于胜利者对那些付出了代价的人的损害，其成果为道义上的负罪感和羞耻感所玷污。国内与国际政治上另一方的利益在道德上具有同样的"权益"，因此人们不可能为某些人反对另一些人的事业辩护。但如果某一范畴的活动在游戏场中只代表一种利益，则人类的野心就会不受拘束地按照自己的意愿行事，不会受到良心的谴责。培根认为，这一范畴确实存在于人们称之为征服自然的活动中。

根据这一理念，人类之外的自然没有固有意志，因此没有利益。于是，我们为实现物种的野心而试图按照人类的意志改变自然的方式，就是在道德上具有正当性的事业。涉及人类野心的进取精神必须在社会环境下受到压抑，但可以在对抗环境时释放，而且人们在这样做的时候不会感到内疚。许久以后，威廉姆·詹姆斯（James Williams）对培根所说的这一情况进行了清晰的陈述。他在题为《战争的道德等价物》（*The Moral Equivalent of*

War)的著名论文中认为,传统上,进取的欲望可以在战争中得到释放,但如果某人可以在一切青年男子都可以进行的对社会有益的事业中得到一份繁重的手工劳动的话,这一精神同样可以升华。通过这样的活动,这些青年男子将会在"人类针对自然的古老战争中做出自己的贡献"。[39] 人类之外的自然为人类社会的和平与宁静"付出了代价"。

什么代价?培根的整个论点是,征服自然是不需要"成本"的人类野心的表达形式。自然是一个可塑的基础,人类的创造性通过向自制的模型中投入材料与能量来得到他们想要的物品,创造了奇迹。实际上,培根的观点是:人类对环境的深刻改造可能会吸收与中和那些破坏性的激情;否则,人们会把这些激情用于内斗。

这确实是可能的吗?对于那些刺激了人们对地球上的人类栖息地进行不计后果、无法控制的改造的特定欲望漠不关心,是合乎理性的吗?认为尽管人类以外的自然不存在固有意志,却含有一种能够把卑贱的人类意志转化为社会稳定的物质基础的万用灵药,是现实的吗?我提出这些问题,不是为了嘲笑十七世纪的一位敏锐而又透彻的思想家的独到风格。培根比任何他之前或之后的人都更清楚地解释了一种社会实践的内在逻辑,这种社会实践后来被称为科技修复(technological fix),即把政治与意识形态方面的问题转化为科技问题。但每一种修复都不过是临时的缓和手段,就像瘾君子所知道的那样,会导致越来越高的容忍与依赖;久而久之,要取得同样的效果就只能加大剂量。

如果如培根所想的那样,人类的野心充斥着破坏性的能量,这种能量在社会内部爆发就会造成苦痛与不和谐;那么,转而运用这种能量去征服自然就能够避免它的负面后果吗？我认为这是极不可能的。更有可能的是，我们可以期待，这一动力（drive）的特性将会体现在结果之中；不可避免地，这一野心所固有的贪婪、残忍与丑恶将不会在吸收过程中消失，而是会反映在经过转化的环境的外观上。例如，在工业革命初期，人们在地球上创造的人间炼狱就不是这样一个工业化的必要特点。如果这一事业采取不同的刺激方式，并以慢些的速度有控制地进行，它的一切科技与生产力成果——假定它们都是为了满足人类的真正所需——也都可以铸就，但却会对自然环境和自然界的生物（人类与非人类）造成小得多的危害。实际上，"进步"发动机的动力来源过去是，现在也依然是贪婪、嫉妒和对苦难漠不关心的欲望。无论著名的"无形之手"的魔力可能会何等强大，人们无法指望带有这样遗传结构的事业会造就非常有魅力的后裔。

我想要提出的观点甚为简单：在另行寻找资源的过程中，单靠把我们的精力向外导向人类以外的自然，并在此过程中只把自然当成满足人类需要的手段，那么我们的方向就偏移了，没有去检查我们的物质要求的性质与目的。我们没有探查现存消费水平上的满足与不满足的总效用的特点，而是继续向前推进，期望更广泛的物质资源会弥补我们现有手段的缺欠。对于我们来说，这种期望似乎没有多少道理。相反，我们有充足的理由相信，商品领域在数量上的进一步膨胀只不过将把满足与不满足的总效用转移到另一个层面上去。

在高强度市场架构下，人们往往完全以功利主义的观点看待自然。我这样说，并非认为有其他有关自然的观点可以治愈我们的社会痼疾。我强调问题的这一方面，只不过是因为我相信，它可能会澄清这一架构下的人类需要问题。问题是,我们受到鼓励,去忽略存在于我们的需要和我们试图满足这些需要的手段之间的关系上的混乱,因为我们的注意力专注于洗劫环境,以攫取更多、更好的资源。

就在我们将自然环境单一地转变为满足需要的舞台的时候,我们的活动的结果反映了这种混乱的状态。因此,我们创造的环境就像一面可以检测这些混乱的镜子。马丁·克里格(Martin Krieger)在他题为《塑料树错在哪里?》(*What's Wrong With Plastic Trees?*)的论文中认为,可以给我们的欲望规定条件,"这就可以让人们的环境反映那种人们可能会以低成本获得的经验……在塑料树一类问题上人们还可以做多得多的事情,来使大部分人感到他们正在体验自然。"[40] 在这一对经验的逐步模仿的过程中实际上出现了有关方法和目的的根深蒂固的混乱。为模仿实际经验来制造实物的极为复杂的生产装置,其目的变得越来越模糊。是什么使之成为必须的呢?举例来说,为什么未经模仿的自然体验变得如此稀有和匮乏,以至于必须用人工制造的替身来代替?一个原因或许是,如此之多的自然环境已经被当作实际或潜在的商品生产手段而征用了。

参与克里格称之为自然体验一类活动的机会变得如此匮乏,这是因为那些活动变得越来越依赖于得到那些据认为对享受这些活动至关重要的商品。(回想一下斯塔凡·林德尔关于随时间"增加的商品强度"的观点)在我们早先讨论过的野营活动的情况下这是显而易见的。这些活动更强烈地需要通过商品的中介才能实现;换言之,享受这些活动与不断增加的商品种类有关,似乎在商品不存在时是不可能的。体现在商品消费上的满足与不满足的总效用依附于诸如自然体验一类活动上面。活动与商品之间精密的结合代表了需要的满足形式。个人需要和那些复杂的满足形式之间的关系是模糊的。这种模糊是扩大寻找新的满足来源的重要因素,但需要和商品之间强化了的互动也加强了这种模糊。这一过程可以自我供给。

劳伦斯·特赖布(Laurence Tribe)曾经提议,塑料树和其他仿环境的人工制品"代表了对纯人类需要范畴的自然抽象。"[41] 那些因需要而生产的人工制品变得更加简单化了——也就是说,它们的特定质量和其中隐含的有别于其他物品的特点不那么丰富了——这涉及需要的质量(与数量相对)维度的类似简化过程。在某种意义上,塑料树是我们的愿望不受我们的环境中其他生物的需要阻碍的一种表现,因为我们不需要在家里和办公室里照看它们,它们在街上也不受空气污染的影响。在另一种意义上,这种简化我们环境的希望代表了对我们自己的愿望的特性和目的的漠不关心状态。我们需要这么多东西,以至于我们无法对它们中任何一个的特定品质多加关照,或者说,我们无法对伴随它们的需要的质量多加关照。需要的源泉在被市场不间断的诱惑抽干之后干涸了。需要的分解以及它们转向数量不断增大的商品种类,培养了人们对每一种特定需要漠不关心的感觉,因此人们对本应满足需要的物品也同样漠不关心。

在我们逐步改变观点,将人类之外的自然看作只不过是支持人类欲望的系统——资源的仓库和垃圾丢弃场——时,我们发现了作为高强度市场架构特点的生产与消费活动的生态维度。对于这种活动的个人、社会以及与自然环境的关系这几个维度,我们能够在每一个维度上发现不同的模糊和混乱元素,它们发生于这一架构下需要和商品的动态联系之上。

第二部分 诊 断

4. 需　要

　　任何通过经验来理解我们称之为"需要的满足"的有意义的尝试，都是一种有风险的努力。需要和满足这些概念是对非常复杂的活动的粗陋指示器。诸如商品购买之类属于明显的活动；而预期的满足则是隐秘的心理反应，至少在一定程度上每个人各不相同。人们怎能把前者的普遍模式与后者相关联呢？1890年，经济学家阿尔弗雷德·马歇尔（Alfred Marshall）写道："对于愿望或由愿望实现所获得的满足而言，无论是进行直接测量或是从其本身出发都是不可能的，甚至是不可想象的，这一点不管怎样坚持都不过分。"[1]最近，消费者研究人员已经在使用本书前面提及的金斯唾液分泌检测器一类仪器，试图建立产品信息与不自觉的人体反应之间的联系，但至今还没有任何迹象显示他们将能测量满足的强度。我猜想，无论研究成功的可能性有多大，仅仅进行这样的尝试就会引起许多人的强烈不安。

　　在本书前面的评论中我曾提到一种"满足与不满足的总效用"，我们或许可以假定它存在于高强度市场架构下的个人消费经验中。换言之，我们或许可以假定，人们会从消费中得到各种不同程度的某些满足，而不必尝试详细说明那些满足的本质或特性。我们或许也可以假定，同时也存在着一系列不满足。例如，有关新产品的信息试图激起人们对现有产品不满足的感觉，而人们在今天持续地受到这类信息的狂轰滥炸。简言之，现在有着一个我们或许可以称之为正面与负面感觉的复杂网络，这一网络持续地形成、解体与再次形成。个人对于需要有自己的观点，对于什么可以满足其需要也有自己的判断；上述复杂网络的持续形成、解体与再次形成便构成了这两者之间的动态纽带。

认为存在着一种涉及消费活动的正面与负面感觉网络的想法尚未经过经验研究的检验。但借用一项相关领域中的研究可以为此带来一些可信的依据。这项研究试图根据工作与婚姻满意程度一类因素测量人们对欢乐和幸福的自我感觉。这些研究者发现：对于幸福或不幸并无统一的感觉，而是存在着"两种互不相同并且各自独立的维度"，即正面与负面维度，它们分别与幸福和不幸相关，但相互间并无关系："能够引起类似忧虑、婚姻状况紧张和工作状况不满意等负面感觉增加的因素；不会对正面感觉产生任何减低作用；而那些能够引起类似社会互动和对于环境的积极参与等正面感觉的因素，也不会以任何方式减少负面感觉。因此，某人即使有多种负面感觉，但如果他有足够补偿这些负面感觉的正面感觉，那他还可以是一个幸福的人。"[2] 无法确定这一存在于两个相互独立范畴的经验二重性是新近的发展还是旧有模式的继续。无论如何，前面章节中对作为消费者的个人经验的描述与这一研究中的发现相符。人们分隔了满足与不满足的感觉这一明显事实意味着，市场信息可以同时对两者起作用。因此可以说，在消费游戏中的下注可以逐步增加，而且游戏参与者会不断地投入，部分原因是他们完全无法计算他们的获益与损失的净结果。许多美国人在意见调查中称，他们认为他们的先人比他们更为幸福，但他们同时却又不认为他们想恢复过去时代的那种状况；[3]

以上研究或许可以解释这一现象。

我在本文论点中的主要预想之一是：高消费理想往往会将个人满足的所有努力导向商品领域。满足是一个充满了暧昧与矛盾的模糊难辨的特殊感觉状态，是一个本质上无法测量的范畴。这些模糊之处在赌注增加时进一步增强，也就是说，当人们更加确信，解决满足我们需要问题的最佳途径在于不停顿的经济增长时，这种模糊进一步加强。

我曾提出，对于一个社会来说，即使其经济能力能够维持物质数量的无限增长，也仍不是一个明智的选择。其原因在于，完全以这种方式诠释对幸福的追求，会对人们作为人的完整性，以及维持我们与自然生态系统的关系产生越来越大的严重威胁。但当代社会理论所提供的了解我们需要的最普遍的方式却不够清晰，无法让我们抓住这些风险的本质。我试图在后文中为更合适的理论奠定基础。通过与特定社会组织的需要—满足方式比较来分析需要过程，我希望我的观点能得到证实，即在当前情况下，我们对于我们的需要的看法越来越混乱。这些只是为一个新的理论搭起了脚手架，至于它是否可以用作解决我们需要问题的手段，还必须经过进一步的验证。

本文特别专注于探讨需要和商品在高强度市场架构下的相互作用。当然，需要和商品也都是许多其他社会架构的因素。当人们首先调查整个问题领域的地平面时，专注的行为会使他们更为成功，因为人们找寻的地标可能散布在浓密的矮树丛之下。本文不拟画出整个地区的地图，而只想确定需要的哪些方面、商品的哪些特质与当今市场架构下人们的满足的特性直接有关。

人类社会中需要与满足领域的一般特性是什么？我们是与生

俱来的社会动物，具有发展符号标识物的特殊能力。一言以蔽之，人们用文化统称这些符号标识物。在人类社会中一直存在着强烈的社会相互作用，通过这些相互作用，男人和女人共同诠释、反思与结合了本来只是天然欲望的东西，这一过程我们通常称之为物种自我保存的努力。通过文化形式的媒介，这些欲望被转变或转化为需要，也就是逐步"凝结"为社会化模式中代代相传的对于愿望的有意识表达。这种对于欲望的文化的、符号的或者"反思性"的转化，突破了直觉刺激与满足手段之间直接的相互作用；对于其他物种来说，这些手段是通过适应环境变化而正常出现的。工具的发展是满足这些欲望的反思性转变的最普遍的表达之一，因为这一发展依赖于运用环境资源的某些能力的提升，以其作为手段来增加可能的满足来源的总范围。欲望与满足来源之间的直接相互作用被打破了；欲望受到了控制，而且被有意识地导向满足的更大领域。

人类发展的突出特点之一在于需要的满足不再依赖于自然的天然供给。换言之，人类对环境过程的干预与管理越来越多，开创了以符号为媒介的欲望（需要）与为提供它们而发展的有组织的技术之间的互动。在这一过程的高级发展阶段出现了劳动分工；从事专门生产的人们无法直接满足自己的一切需要，而必须依靠市场上经常性的商品交换。在漫长的时期和多种社会中，市场交换和劳动分工的范围的发展没有超越某一个临界点，因为超过了这一临界点就将与其他习俗和稳定制度产生不一致（有关这一点可见于本文后半部分有关商品的章节中）。在前现代社会中交换与市场的不同作用已在人类学与历史学研究中有所记载。

高强度市场架构是一种普遍化了的或无限制的市场经济，其中商品与服务的交换——这一点构成了需要和商品之间的相互作用——无论是范围还是变化速率都在持续扩大或上升。由于现有途径的不足，更好地了解这一特点是必要的。有关需要的理论通常忽视了日常生活的世俗范畴，而在这一范畴内，人们很难诠释他们的需要；而有关消费者行为的理论通常避免对商品是否适合我们的需要这一点予以任何认真的评价。只有在检查这两种相互作用的成分中的任何一种时考虑了另外一种，我们才能合适地了解这一架构。

我在本书前面曾交替使用了需要（needs）、欲望（wants）和愿望（desire）这几个术语。我是有意这样做的，以示忠于我查阅过的文献中原有用词的差别。通过把来自人类学、经济学和心理学等领域的文献集中到需要理论中去，人们可以察觉，用词的差别本身就在抑制有关满足问题的关键研究上有一定作用。这些差别无法通过严格的学科分类，但在当代文献中可以找到一些一般模式。社会学和人文主义社会心理学经常使用需要这个词，经济学使用的是欲望、选择（choice）和需求（demand）；行为心理学更倾向于使用驱力（drive）；消费者心理学喜欢用选择和愿望。最后，有些哲学家认为这些词都和偏爱（preference）有区别。可以假定，正是同一个人或社会团体表现出了需要、需求、欲望、选择、愿望和偏爱；但由于人们所使用的概念上的不同，因此要为高强度市场架构下的具体社会状况发展一种完整的见解极为困难。

而且，人们在大多数研究中建立了一个基本的二分法。需要或者欲望（或者任何其他名称）的整体是根据相互对立的范畴分组的，这些范畴有：自然的对应经过培育的、直接的对应衍生的、出自本能的对应心理的、必需的对应奢侈的、实在的对应象征性的、真实的对应虚假的、客观的对应主观的、根本的对应任意的、较低层次的对应较高层次的等。而且这似乎还嫌不够，还要加上不同的列表、等级制度和分类，其中需要或者欲望根据相对重要性的某种标准划分为不同档次。

将需要划分成这些不同范畴的尝试始于柏拉图的《共和国》，并一直延续到今天的许多研究。对此做一评论性文献综述本身需要很长的篇幅，因此无法在此进行。但我们必须对需要的分类研究中产生的一些关键问题给予一定的注意，以便我们确定，人类需要问题上的哪一种观点与理解当代社会有关。

4.1 有关需要的三种思考模式

上面提到的不同的术语使用与分类方式存在着三种反复出现的模式：生物与文化构成的差别、等级制度或相对优先权问题，以及行为主义和批判理论之间的不同。

为了解人类需要的结果而最早发展也是最普通的学术框架建立在区分生物维度和文化或社会维度的尝试之上。它们通常表达为"人类的基本需要"的列表，以不同活体的生理需要开头，例如对食物、水、空气、温暖和性行为（物种需要）的欲望；有时还会在这一层次上加入初等的"心理"维度，其中包括在社会动物如人类中维持某种程度的组群和谐的角色规范等因素。所有其他需要都被视为来自文化构成的"衍生需要"。使用这种途径的困难在于它的抽象性较高。无论在原始社会或是在工业化社会中，人类的象征性或文化的活动如此紧张与复杂，以至于生物—文化的二分法从未呈现在社会组群的日常活动中。

以食物为例。什么能比对营养的本能欲望更为根本？但人类选择与炮制（以及避而不用）那些可以作为基本营养的自然物质的活动却与由文化决定的一套活动混杂在一起，后者的复杂程度简直无法想象；例如，在列维—施特劳斯（Lévi-Strauss）的《生食与熟食》（*The Raw and the Cooked*）一书中，他就曾联系他对某些南美洲部落神话的探索为这一点做出了精细的描述。现有的人类学记录揭示，一切人类发明出来应对生理需要的实践都具有极大的多样性，包括某些人用自杀来节省那些维持生命的必需品，用以维持社会组群的完整。有关这一观点的证据似乎支持多罗西·李（Dorothy Lee）的观点："是价值，而不是一系列需要，才是人类行为的基础。"[4] 按照李的说法，需要本身是衍生的，而不是根本的。它们不是揭示个人行为导向的内在基础，而本身是由因不同文化而异的一组更为基础的价值衍生而来的，依靠这些才能通过有权威的社会化过程维持社会统一；以上过程控制任何个人对其需要的诠释。生物维度与文化维度如此紧密地交织在一起，因此当它们被分割成不同范畴的时候，其结果并不能正确、完整地说明实际发生于日常状况下的人类行为的具体组合。

人类学家布罗尼斯罗·马林诺夫斯基（Bronislaw Malinowski）指出："这一间接满足的文化迂回路径产生了次级或衍生性需要。"[5] 这里把主要的问题阐述得很清楚：一切人类需要都是通过文化中介间接通往满足来源的；但这一过程并不产生"次级"需要，而只是模糊了任何基本需要与衍生需要之间可能存在的差别。生物—文化差别是完全抽象的，无法真正帮助我们理解人类学行为的多种实际导向，因为每种文化都会吸收存在的生物维度，将之同化进自己的社会化模式中，而实际上决定需要的诠释的正是这些模式。应对社会诠释的欲望（我们通常称之为需要的满足）的特定方式本身，而不是"次级"或衍生需求的形成，代表了与社会凝聚的基础方式相关的一种衍生活动。

如果把以下情况考虑在内，就可以极为清楚地看出人类基本需要观念和经常与之相结合的生物—文化差别观念的缺陷。例如，一切生物都需要营养，而一切社会动物都有与通常列为人类基本需要差别不大的生理需要。那么，这一观点能在人类基本需要方面告诉我们些什么呢？这些需要不过是通常维持多种动物生命的必要先决条件而已。而且，如果我们看一下其他社会动物的实际活动，我们可以发现许多（即使不是全部）人类的所谓高等需要——诸如关爱、学习、合作、安全等——也明显地存在于其中。它们的"社会性"特征通过强烈的社会化经验代代传承，只不过是所有社会动物生存的必要先决条件而已，这对狮子、猿猴和人类全都如此。最近的生态学研究证明，这些物种的初级组群的不同成员发展了十分清晰的个体特性，这让它们能够形成精细的角色分工，等等。简言之，在这些通常组成了人类基本需要列表的生理或社会—心理需要方面，没有任何人类独有的地方。

当然，我并非在此提出：在人类需要和其他社会动物的需要之间没有差别。我希望在此表达的观点是，有关生物—文化区别观念和人类基本需要观念的通常构想并没有在人类需要的独特之处方面给予我们许多启示。[6]在这方面真正区分人类与其他社会动物的，是人类在需要经验上丰富多彩的复杂性和在需要的实际文化表达上令人着迷的多样化；这些都可以在人类学记录中观察到。

第二种主要思考模式是人类需要在地位等级制度中的安排。

人们把需要按组分类，据认为各组有各不相同的紧迫程度和重要意义，因此决定了我们必须关注这些需要的次序。有关这一模式也有许多例子；最近时期最有影响的是马斯洛的需要层级论。[7] 马斯洛建立了以下需要范畴：身体的（即生理的）；安全（治安、可预测性、环境的可靠性）；爱、喜欢、所有；自尊；自我实现。这些等级按更为直接的需要居前排列的原则，于是，在每一个连续范畴中，仅当排列在前面范畴中的需要有了足够程度的实现之后才会出现较后面的需要。头三个范畴中的需要是基本的或者"致缺性"需要，因为如果这些需要无法满足，就会造成生理或心理疾病；其他两个范畴代表的是衍生需要，这些需要的出现走向个性的完全发展。试图满足前者就要争取消除紧张不安，而后者是没有固定形式的正面活动。在这一连续进程中也存在着内部的原动力，因为只有后面的两个范畴能够定义人类独有的状况，因此它们是个人努力的争取目标。这个方案中也包含着道德判定和心理健康观念。对个体来说，一直停留在更为直接的层次上是不合适的，因为衡量个体生长或成熟的标准是出现了表达更高需要的能力。对于一个成熟的人来说，包含在头两个范畴内的"物质"目标应该有一个满足点，达到此点之后物质的囤积停止，而非物质的目标（后面的三个范畴）展现了一个有无穷潜力的个人成长远景。

乍看上去甚为明显的是，马斯洛在把本质上既是暂时的又是本体论的连续层次概念化时改写了生物—文化差异。生物需要是最为紧迫的，必须首先解决；如果社会经过合适的组织，能让后面的等级出现，那些需要也应该解决。这一次序同时也是本体论的；也就是说，较后的阶段代表着存在的更高状态，或者说它们代表着人类存在的更合适范畴。但无论暂时次序的想法或者本体论发展的想法如何，它们的说服力都不强。首先，马斯洛的次序反映了在科技先进的社会中生活的特定组织，这种社会的功能与活动的专业化程度很高。对需要的这种分类似乎远远不能应用于较早期社会的普遍状况；人们可以在五种范畴内找到那些可以这样归类的活动，但它们相互间紧密交织，而且我认为，它们不会作为离散的个体或组群需要依次连续出现。

马斯洛的方法是否至少对理解科技发达的社会中的人类行为发展有用？在这种环境中，涉及种类极多的商品的广泛市场交换为需要的满足提供了有组织的机构。马斯洛认为，在某一点上，每个人都应该超越这一活动层次，以达到自我实现的水平，这种活动与商品交换无关。但在高强度市场架构下的实际行为倾向与此大相径庭。物质交换的范围并没有被超越，而是越来越深入地扩展进了"心理"范畴。对于自尊和自我实现的需要正通过购买商品来表达、来追求，而商品却并非简单的实物，其中含有一套与之结合的复杂含义或复杂"信息"。在这种社会架构下，并没有多少让个人超越其在物质世界中的定位的激励——的确，这种超越将与把个人活动系统导向不断增大的商品种类的社会实践直接矛盾。

半个多世纪以前，托尔斯坦·凡勃伦（Thorstein Veblen）就在他的《有闲阶级论》（*Theory of the Leisure Class*）一书中出色地描述了作为高消费生活方式组成部分的自尊和自我实现功能的表达方式。从那时起的社会发展只不过进一步加强了这一过程，并允许工业化国家中远比当时更大比例的人参与其中。在这种状况下，有关整个商品世界的占支配地位的信息（即关于不同事物的一切信息的统一主题）是：自我实现或个性实现是消费的目标，而个性是通过获得商品的某种独特组合获得的。

根据马斯洛的观点，人们或许会提出反对意见，认为这是自我实现的一种反常形式。但人们怎样才能证明这种说法有道理呢？根据马斯洛的说法，自我实现包括"无争的、非以自我为中心的、自我认可的终极经验"；以专门术语描述，这种状况可以在"巅峰经历"时达到；所谓巅峰经历包括创造性时刻、睿智的洞察、为人父母的感觉、神秘的直觉，等等。这一观念生硬地把非物质从生命的物质范畴内分割出来，并隐晦地诋毁了后者。但如果许多人联系消费来诠释他们的巅峰经历，而且如果这些经过"精加工"的感觉体现在商品上，则所有关于精神事物的终极优先的星期日布道和所有敏锐的心理学家的著作，都将仅限于停留在主流社会关注的边缘。人们无法简单地分割需要的非物质与物质维度。无论在工业化社会或其他社会中，需要的总效果构成了活动的一个均匀范围，这个范围的每一部分都反映了整个范围的共同特征。

　　在整个文化中是否存在着需要表达和成就的扭曲形式，这一问题为我们带来了考虑需要的第三种模式。对这一问题，那些接受行为主义［诸如乔治·卡托纳（George katona）等］观点的人给出了与持批判观点［由埃里希·弗洛姆（Erich Fromm）等所发展］的人不同的回答。通过使用需求、驱力和选择的概念，行为主义的分析描述性地列举了可观察的行动（例如消费者的购买），但并未判断这些行动的固有质量是否合适。另一方面，批判观点则力图建立某些客观标准，可以据此判断那些行动是否合适。例如，埃里希·弗洛姆（Erich Fromm）曾根据这一观点认为，"一个清醒的社会是能够对人们的需要做出响应的社会，但这一社会并非必须对人们自以为是其需要的那些需要做出反应，因为即使最不合理的目标也可被人主观地认为是最希望拥有的东西；社会应该做出反应的是人们的那些客观需要，因为这些需要可以通过对人的研究确定。"[8]

对这两种观点之间的差别，最清晰不过的描述或许是他们对"真实的"与"经篡改的"需要之间可能存在差别的评价。根据批评观点拥趸的意见，与生理健康一样，心理健康也是一种客观条件，因此我们能够列举哪些是人们的真实需要（同样也能列举哪些是真正有害的"需要"）。当然，这种观点被用于批判当今资本主义社会的操纵倾向，据信，在这一社会中，"人为的"欲望或"虚假的"需要是由社会压力造成的，特别是由广告的持续狂轰滥炸造成的。但从行为主义的视角看，这一观点基于不公平的歧视。一切欲望来自社会条件；每种文化中都有这一过程发生，尽管其特定形式可以有相当大的差别；个人通过社会调节学习诠释他们的需要，并调整自己，使之符合广泛赞同的行为方式。[9] 就个人来说，社会调节过程可以出错，例如因过分消费食物引起的肥胖；但只要大部分人的行为一直在世人接受的正常参数之内，所谓这一过程会导致产生虚假需要的说法就没有立足之地。

批评的观点把它对高消费生活方式的否定判断建立在自发需要与人为需要，或真实需要与虚假需要之间某些形式的差别这一基础之上。单是现代资本主义社会的广告数量似乎就令这一观点让人感觉可信。如果不是这样，有什么必要以如此强劲的努力对人进行"说服教育"？但如果社会化过程如此强烈，以至于像马尔库塞认为的那样，资本主义市场经济本身的必然规则（生产体系持续扩大商品王国的必要性）都深刻地内在化，变成了个人经验中感觉到的需要，那么还有合乎情理的根据来把它们描述为虚假的需要吗？[10]诚然，人们或许可以以"这整个体系都是虚假的"为此辩白，就是说，是整个需要体系阻碍了有些人的发展，这些人有能力形成非剥削的、人际关系的、自主的自我实现。但是，只要这个社会的整体与它的大部分成员继续足够有效地行使职能来保持这一"虚假"体系，人们提出的任何替代方式都不过是抽象的可能性。或许这很有可能是一种与生俱来的自我毁灭的体系，但只有它的全面崩溃才能证明这一假说。

批判观点的主要困难是它认为（用弗洛姆的话来说）对"人的研究"将为评判感觉到的需要的相对真伪提供一个客观标准，但这通常看上去不很有说服力。这一观点的拥护者清楚地知道，传统的专制道德哲学——尤其是那些宗教的变种——也假定有一套评判人类愿望的"客观"标准。他们认为，这些哲学的观点是由它们在其中发展的特定历史状况为条件的；而且他们也乐于承认，并不存在普遍适用的客观标准。尽管存在这些不足之处，他们还是认为，这是一套以现代社会发展的批判性研究为基础的评判标准，它为将来非专制形式社会中如何决定个人需要的一种方式指出了方向，这种方法与现行方法不同且优于现行方法。这一理论的困难之处是现实地描述一些阶段；通过这些阶段，习惯于多重需要——即实际上反映了市场经济本身持续扩大要求的消费者需求——的人们可以发展到自主与自由的状态。

然而理论上的困难并不仅仅局限于这一观点。批判观点的有力之处在于它对于调节过程本身的详尽检查。因为欲望并非在真空中受到调节，而是在特定历史形式下成形的，这些历史的特定形式是各不相同的阶级利益与权力关系造成的。仅仅提到一切欲望都是社会调节的结果，无法告诉我们任何东西。在一个人造环境内，老鼠的行为可以是受到高度操纵的，但这一环境本身并非自发出现的；其结果是部分地由控制整套变量的研究者的兴趣预先确定的。在人类需要的形成过程中，环境变量体现在每种文化的特定社会过程中。如果欲望的社会条件研究不包括对于社会化过程中施加于每个人身上的相互矛盾的压力的精细检查，这一途径将不会得出非常有意义的结果。特别是在一个像我们这样强调个人责任的社会中，这一过程的戏剧化方面是个人为形成他的身份感觉所做的斗争，而这一斗争是在强有力的社会压力存在的相关环境下进行的，这些社会压力是从赞颂顺从模式的市场经济那里放射而来的。批判观点的可贵贡献是：它认为只能通过个人心理和社会经济利益的动态相互作用才能理解需要的形成。

除了我称之为"批判观点"的那一途径之外，对于评价高强度市场架构下的满足问题来说，人们在这三种思考方式中就人类的需要研究所采取的途径都对本书所讨论的问题帮助不大。造成这一状况的原因是，在试图成就高层次普适性的过程中，这些理论发展的是固定与抽象的范畴；在这些范畴中呈现的差别——诸如那些造成需要等级的差别——往往会在将理论应用于实际社会状况时不复存在。如同我前面说过的那样，这些范畴如此广阔，以至于它们可以在某种程度上应用于所有社会动物，因此它们不会就人类需要的特别之处告诉我们太多的东西。我认为，人类用以诠释他们需要的方式具有丰富的多样性；与其他社会动物的活动相比，这是人类活动最主要的分辨标志。而且，人类需要在特定架构下的形成可以最合适地理解为社会模式或者满足的结构（大致说来存在着四种这样的结构，我们将在有关商品的章节中加以讨论）。

在本书中，我所采用的研究需要问题的方法是对以上讨论过的批判观点的修改版。我在真实与虚假需要方面对这一观点做了一些修改。这种修改也表达为欲望与需要两者之间的区别：欲望表达的是某人的主观欲望（他感觉到的要求），而他的需要则是他的客观或真正需要。在本书第一部分中我不时提到一种需要的"混乱"状态，我认为这种说法比需要和欲望之间或者真实与虚假的需要之间的差别更为妥当。

4.2 需要还是欲望？

是否有可能在需要与欲望之间划出一条分界线？人们是否能说，一个人的需要是他与他所在的文化中的其他人共有的那些为维持身体与精神健康所需的最低要求，而他的欲望是反映他个人特性的主观的，或硬性的欲望？是否也可以说，需要是有限制的，而欲望是无限制的？[11]

对这些问题有不同回答，其部分原因在于对这些术语的定义方式。一些同意其中差别的人的论点基于如下论据：需要是生存的客观状态，而欲望是主观或纯粹心理的感觉。人类基本需要的列表从生理需要开始，逐步扩展到社会需要，人们列出这些需要以支持以上论据；值得注意的是，所有未曾包括的事物都可归入低层次的欲望。由于欲望是在我们感觉的内在状态下发生的，即假定我们一直知道自己欲求的是些什么；但由于需要是客观要求，有可能我们并不知道我们需要些什么。

毫无例外地，人们把对食物、水、遮身之处等的生理需要说成是需要的最明显的方面。需要和欲望至少在这里是有差别的。但抽象的程度又一次让争论变得无足轻重了。每个人维持生命的客观需要是营养物质的最低摄取和保存或发散身体热量的适当条件，以及——对于人类这样的社会动物来说——保持组群和谐所需要的社会经验。这些是每个人的"生存需要"。但这样的需要可以在多种不同状态下满足，有许多这样的状态会被今天的大部分人视为不可接受的。确实，在一个为这一目的而将环境毫不留情地简单化与组织化了的架构下，这些需要可以最有效地得到满足。这样一个架构在扎米亚廷(Zamyalin)著名的逆乌托邦小说《我们》(*We*)中有所描述，那里的每个人都保证会有维持生命所必需的营养物与遮身之处。但唯一的营养品只有乏味的石油衍生物，而一切人的遮身之处都是一间玻璃墙小室，里面放置着一切人都完全一样的家具。于是，所有人的"需要"就这样得到了"满足"，而在扎米亚廷的想象社会中，通过对人们整个一生进行的调节过程，保证了绝不会出现超越需要范围的欲望。

或许这种描绘看上去不公正，是一种简单的归谬法。我不这样认为。因为这里确实表现了，当我们摈弃了食物、衣服和遮身之处的抽象范畴和社会需要(安全、自尊等)的抽象特性描述后，人类的需要的满足就会出现真正的问题。我们研究人类存在的客观需要是如何通过文化的和个人观点的象征性过程渗入的，这时便出现了最有趣和最重要的问题。简言之，一切最重要的问题就是在那个所谓主观与客观维度交汇的朦胧地带出现的。例如，以最低营养需要为标准对食物需要的计算无关紧要。真正重要的是：哪种食物？以何种形式提供的食物？食物的质量如何？与其他察觉到的需要相比，对于食物的察觉到的需要处于何种状况？

如果我们试图回答这些问题，作为客观要求的需要和作为主观感觉状态的欲望之间的差别便不复存在了。理解这一点十分重要，因为与此相关的不仅是理论或观念上的方法，同样也是社会政策的实际问题。人们试图在需要和欲望之间划分界限的有害之处是：这会鼓励我们将需要的范围大致定义为某种水平的营养物品、遮身之所、空间和社会服务的数量问题。这种有关基本需要的叙述的实际结果反映在现存福利状态的一些社会政策上：如为穷人提供的大批量食品、公共房屋项目单调一致、老一套的管理作风等。这些政策压抑了需要的质量方面。在商品王国的数量扩张中，更为走运的社会成员在需要的质量方面受到的压抑与此如出一辙。

需要与欲望之间的差别往往会转移人们对需要问题的质量方面的注意力。我认为这正是对需要的质量方面（这代表了高强度市场架构下最成问题的方面）的压抑。因此我曾建议，我们不要试图去理解需要和欲望之间的差别，而是要把它当作这样一种架构，即它会让身在其中的人们对自己的需要和试图满足这些需要的手段之间的关系越来越感到困惑。

接下来我将告诉读者，这种困惑是怎样和为什么会在需要和商品二者的模糊性质之上产生的。我并不是要说，对于人类需要，在任何其他社会架构下已经有或者能够有某种完善的清晰状况，而且可以把现在的混乱状态与满足的一种毫不模糊的理想状态相比较。我的目的是，孤立一种特殊架构下需要的混乱状态的特定来源和在这种状况下发生的特殊类型的个人、社会和环境风险。

这种混乱状态植根于需要和商品之间的相互作用。这并不是虚假需要的问题。依我看，那些在商品的莽林中追寻自己需要的满足的人们大多数有一套合理明智的需要；但他们确实错误地诠释了他们感觉的需要和满足这些需要的可能来源之间的关系。当然也有对个人需要的不合理甚至病态表达的例子，但它们并非我们这里讨论的行为的典型特点，也就是说，不是一般消费者日常活动的典型特点。

4.3 需要的双重特性

通过回顾当前研究中最常出现的那些有关需要的理论，我提出，就本书来说，人们无法接受需要形成过程中的生物与文化构成之间的差异。第二，我认为，我们可以把"需要体系"视为在重要意义不同的层次上相互作用的连续系列，而不是一个具有等级差别的规则。第三，我提出，我们不应试图在我们的社会中列出一个可以依赖的需要名单，或者区分需要与欲望。

为了理解高强度市场架构下的满足问题，我们只需要关于人类需要结构的一个假定。这是一个相当简单的假定，即，需要的每一个表达或陈述都同时有一个物质关联和一个象征性的或文化的关联。关联这个术语似乎是在这种情况下最合适的概念，其原因如下：尽管可以出于讨论的方便区分需要的两个方面，但它们从来不会在实际需要过程中分别起作用；换言之，需要的体验天生就是一种多维活动。

个人和社会的生存需要与有机物与无机物之间持续的"物质交换"有关；这种必需的物质交换是由自然结构决定的；从这一层意义上说，人类需要的每一面都有一个物质关联。例如，即使有人要把像精神冥想这类事物视为人类的需要之一，他也必须认识到，这一需要只有通过与整个"需要系统"（用黑格尔的话来说）内在联系才能表达，而这一需要系统也包括生命的物质再生产的某种形式。另一方面，生命的物质交换是以精细的社会相互关系模式为媒介达成的，就是说，是通过欲望的文化或反思转变来诠释的。从这一意义上说，人类需要的每一面都有一个象征性关联。无论物质的方面和象征性的方面都不能被归纳或者合并到另一方面之中。而且按照我的观点（这与鲍德里亚德等人著作中的观点相左），这两个方面也是密不可分的，以至于人们无法声称自己能够找到一种脱离了政治经济范围的"象征性规则"。我相信，每种文化中的人类需要系统都是一个物质与象征性不可分割的整体。

一种长时段的视野或许有助于澄清这一点。人类在发展过程中不曾"直接"占用自然；没有以内部和外部刺激为一方，以生物活动为另一方的简单或单方面的相互关系。人类大脑使用符号的庞大能力是在连续而又剧烈的社会相互作用环境下工作的，能够通过支配个人、组群和自然环境的相互作用的内在媒介筛选欲望。人类在需要方式上的发展不是从相对简单向相对复杂的进程。人类学研究证明，在所谓原始文化中就存在着复杂程度令人难以想象的需要的表达，而且我们可以很有把握地推断：这种表达是一个过程的结果，该过程起自我们这一物种的进化之源。现有证据清楚地表明，我们的生理需要（对于食物、遮身之处等的著名的基本需要）的任何方面都并在丰富多彩的象征性媒介织锦之上。同样，那些被称为高阶需要的东西——爱、尊重、对知识的求索和精神完善——也是在对需要的全盘解释中出现的，它们与存在的物质方面是不可分割的。

人类需要的复杂性起自我们这一物种的进化之源；它本身并不是历史或文化发展的结果，而是那一过程的必要的先决条件。并不存在从简单向复杂的变化，而只是象征性媒介的一个逐步展现与丰富的过程，这一过程存在于对需要不断的重新诠释之中。[12] 在潜在的精细程度上，这种固有的象征性能力与多样化最初依赖于人类相对于其他人科动物与其他哺乳动物的成功进化。后来发生了从迁移生态模式向定居生态模式的转变，它反映了与人类的基因组成一致的进一步适应性响应。随着定居状态出现的是愿望的精细化与对环境的操纵，这为建筑、手工艺、农业等方面的器具应用打开了新的远景。

从开始起，丰富的人类基因天分就注定了他们的自然竞争者的不幸。但在导致我们今天状况的过程之中，我们不需要假定存在着任何严格的必需因素才使这样一个有组织的、定居的单一物种在地球上占有如此显赫的支配地位。这一状况代表着一种可能的结果，其中偶然因素无疑起到了一定作用。人们可以大致区分以下几种人类生态（在所有这些生态中，需要都以某种程度呈现了它的二重性）：带有越来越正规化的社会化过程的狩猎与采集生态；开始了生活资料生产的小规模永久定居生态；大规模定居与此后的文明，其中带有相当程度的交换与劳动分工；资本主义社会与工业化，其中高强度市场架构产生于一段时间之后。但我并非在此断言，不同种类的人类生态的连续发展是均衡的、线性的，或者说，即使这一名单并未囊括全部人类生态，漏网者也会与其中列举的某种生态存在有所联系。

以交换为目的的生产的出现，标志着人类需要的物质—象征二重关联的强度和广度的大大深化。从强度方面考虑，这一二重性变得微妙得多。各个小规模文化之间的交换为存在于每个这种文化中的象征媒介整体范畴创造了一个界面，而在大规模永久定居生态中，"交换"在同一文化的各个成员之间发展，这些成员之间的关系是：他们各自掌握了某种特定技能，但却不足以满足他们自己的全部需要。较小的文化与较大的文化之间只存在着程度的差别而没有种类的不同。它们具有的共同模式称为家庭生产方式，其产品主要是自用，但也包括有限的交换关系；某一社会单位的成员通常从事同样的工作，独立生产类似的物品。[13] 在社会内部和社会之间更大规模的劳动专业化和交换增加了为满足需要所需的中间步骤的复杂性和数量，而更为精细的差别则由存在于这些步骤中的每一个物质与象征性的二重关联所决定。

从广度方面考虑，以交换为目的的生产所起的作用越来越大，这一作用相当明显地带有跟人类需要的全盘特性之间的联系。无论我们更愿意从创造新需要的角度、从精细化已有需要的角度，还是从细分需要的角度考虑问题，通过交换活动进入个人体验范围的商品数量和种类增加了，它们现在是体现二重性的物质载体。单单是物品领域的数量扩大本身并没有影响这一过程的复杂性；但物品的增加往往将需要的文化媒介轨迹从非物质范畴（神话、传说、禁忌）转变为物质范畴（实物）。我必须再次强调这一点：这种改变只是程度上的而不是实质上的，原因是，在一切文化中，象征性活动总是部分涉及来自自然环境的物质满足。

受到工业化大规模生产和广阔得多的商品交换的推动，当今市场经济的普遍倾向是把塑造人类需要的象征性媒介的网络完全嵌入实物范畴之内（或者更准确地说，把需要完全导向商品）。这就是马克思称之为商品拜物的过程。商品在市场内的生产与交换过程中存在着"人与人之间确定的社会关系；在人们眼中，这一关系是事物之间关系的神奇形式。"[14] 然而这一著名段落的措辞过于强烈了。我们必须很小心，不要过于清晰地区分以自用为目的的生产和以交换为目的的生产。在这两种情况下，对自然的利用都是以复杂的文化形式为媒介进行的；换言之，在这两种情况下都有人类需要在物质与象征性上的动态相互作用。世界上各种文化在需要这一二重性上的聚焦存在着如此巨大的多样性，各式各样的事物以不同的比例排列于满足的各个方面；然而这只是一面单棱镜——在这种社会活动中既有自用又有交换发生——它传播着人们所渴望的物品那如同万花筒般变幻莫测的形象。在人类发展的定居阶段中，需要的连续统一体从最简单的生活必需品经济扩展到现代工业化社会华丽而庸俗的商品种类，其中包括了意义重大的质量转折，但并没有发生可以清楚辨明的突破。

商品是用于交换的物品；对它们的生产与消费行动并非同时发生，而是分开进行的；这一分离发生于它们在市场的旅行（在工业化生产过程中这一旅行耗时甚久）之中。物质—符号二重性在生产者的活动和消费者的活动之间的缺口上相对于商品的任何总效用往复振荡；这一总效用越大，振荡的频率就越高。商品是用以满足需要的物品，所以物质与符号关联的二重性便在它们中间有所体现。商品中包含了这一二重性和与之结合的需要的模糊特点。生产活动与消费活动更为广阔的分离使模糊性的元素在大规模市场经济中得到了加强。这一点将在有关商品的章节中更为全面地加以探讨。

4.4 人类需要的生态相关条件

我们在第一部分中区分了满足问题的三个方面，它们分别是与个人、社会和人类以外的自然相关的方面。它们互相结合，只是为分析的方便而将之孤立处理；在日常实际生活中，这三个方面是我们行为的三个相互结合的方面。在走过了由它们标志着的那段路线之后，我们现在应该更为仔细地检查这一路线，检查的依据是植根于物质和符号关联二重性的人类需要的模糊性假定。

当今工业化社会中的生产与消费对诸如地球大气等全球生态系统存在着重大冲击。这意味着，我们的需要的生态环境是作为整体的地球生物圈。如果把这一生物圈作为一个活体考虑的话，它和它的组成元素具有向自动平衡努力的特点，这是动态平衡的一个状态，其中存在一种机体，它能不间断地对外部和内部的刺激做出反应，并在某些参数内寻求平衡。[15]例如，在地球整体层次上，这种平衡涉及外部力量（来自外层空间的辐射能）和作用在地壳和地心上的内部力量。在生物层次上，这一自动平衡的驱动力表现为适应机制和基因突变，通过适应与基因突变，作为一个整体的各个物种试图保持它们相对于环境的活力。同样，每个生物体也必须在某些参数（例如哺乳动物的体温波动）之内维持外部与内部刺激的平衡，以保证自己持续存活。这一走向自动平衡的努力即生物相互关系，生物的需要在其中表达。

自动平衡过程在支配物种和生态系统发展的进化生命周期内运转。也有着对这些生命周期有效的正常参数。在那些发生在一个生态子系统内的复杂相互作用序列中,湖泊也像哺乳动物物种一样出现与消亡。在作为整体的系统中,在系统的组成元素之间的相互作用也有着相对于"理想的"平衡状态的持续波动。

人类操纵自然的能力放宽了该物种的进化参数范围。支配该物种及其周围环境之间相互作用(例如对人口规模的控制)的主流自动平衡机制因此经历了一次决定性的转变。很显然,那些限定地球生物圈内自动平衡波动极限的参数足够灵活,迄今尚能容许人类转化的这一过程继续进行。我们可以假定,一定会存在着一些对这一过程的理论极限,尽管我们现在还无法通过现有的科学知识清楚地对此加以说明。例如,我们的活动或许会造成重大的气象变化,这些变化会影响我们和其他动物的生命活力。

人类活动造成的环境转化向生物圈内现有的自动平衡机制引入了一个新因素。限制这些机制运转的参数极为宽容,它们允许地球生物圈从它原来的位置调整,以适应人类活动所造成的后果。同时,作为整体,人类的兴旺发达远胜他们曾经的竞争者。但在某一特定点上,人类受益者们必须认识到这些结果并有意识地寻求"管理"这些结果,以免超出现在尚无法确定的极限,即生物圈容忍这一奇妙物种的数目和需要对它的冲击的能力。因此,这一转化所含有的潜在意义是:必须把人类的这种操纵能力置于理性控制之下。

理解并管理人类与自然环境之间的关系现在是人类的一种物种"需要"。这一需要自我们具有操纵环境的能力之初便不十分明显;也就是说,这是那种操纵能力本身隐含着的一种必需。仅仅因为生物圈的功能参数如此宽容,我们才得以在如此之长的时间内不必去认识这一事实。假定存在着一种理性控制人类与自然之间关系的需要，就开通了理解人类需求的模糊特点的整个范围的途径。

毫无例外，人们迄今为止提出的一切为人类需要进行分类的计划（在这一部分的开始部分曾有简单概括）都忽略了这一关键元素。所有这些计划都一方面详细罗列了个体生物的各种不同需要，另一方面罗列了个体之间与社会组群之间的社会和谐所必需的假定前提。从宽阔的眼界范围出发，人们列举了基本的人类需要并对其进行了层级次序划分，但人类需要的更大相互关系——它导向自然环境的独特性质——却被一致忽略了。看上去，这简直就像是根据行星探索者的球外环境模式在思考基本的人类需要。想象一个月球上的人类永久定居点，人们可以一方面考虑定居者对食物、水、氧气、遮身之所和垃圾处理的需要，另一方面考虑他们为保持组群完整与一致而对社会化模式的需要。由于所有满足这些需要的手段将必须从别处运来，所以他们不会与他们周围的自然环境发生固有联系。

但在实际情况下，人类需要的特点的发展与自然环境的改变有着密切关系。人类通过其强大的符号能力对自己的需要进行了五花八门的诠释，并把它导向满意的目标，使自己对自然过程的广泛干预成为可能。需要的精细化与对环境控制领域的成功相辅相成。在个体与社会构成的范围内简单地将人类需要概念化，只从人类的立场出发对这一对所有生物都是独一无二的环境加以抽象，便模糊了需要最重要的方面之一。所有三个维度——即与自然、个人和社会的关系——而不单单是后面的两个，都是在人类需要的物质与象征性关联的二重性上相互缠绕着的。

由于人类活动将来可能对地球生态的冲击而产生的危机受到

了偶然因素（在现代社会之前人类对环境过程的控制水平一直相对较低）和生物圈自动平衡参数的适应能力的掩盖。不很明确的必须条件——即对我们的操纵努力进行理性控制的必要性——直到最近才变得明显了。今后我们评价人类需要特性时必须考虑人类以外的自然的需要。我将在本论文后面一个章节中探讨这一概念和它对将来社会发展的含义。

在高强度市场架构中，商品的生产与消费是通过工业体系的进步维持的，这导致了将来可能发生重大环境危机的可能。我们让我们的需要的满足依赖于这一活动的持续扩大之上，因此，对需要和商品之间的相互关系进行仔细检查至关重要。我认为，在这一相互作用的过程的两个组成部分上都存在着模糊性，而且这种模糊性的存在决定了日常生活中体验到的满足与不满足的总效用。我探讨了这一人类需要的独特性质的模糊元素。第二个模糊元素存在于在这一架构下生产的商品之中。

5. 商　品

现代社会思想界一直为围绕商品与服务的市场交换产生的那部分社会活动而目眩神迷。这方面最著名的代表作之一是亚当·斯密的《国富论》，他在书中认为，人们喜好交换，这或许源于人这一物种的符号能力。斯密认为，"很可能，以物易物、易货贸易和物物交换的习性是推理与言谈能力的必然结果……这是所有人类的共同特点，但却从未在任何其他动物种族中发现过；这些动物种族似乎既不知道以物易物，也不知道任何其他交易类型。"[16] 他显然认为，人类的推理与言谈是通过交换想法和感觉实现的，因此交换是人类行为的一个普遍特性（商品交换只是这一普遍特性的许多方面中的一个而已）。

后来的人类学研究记录了在多种文化模式下普遍存在的交换，但这些研究也同时指出了交换的多样化、结构化的程度何等之高。亚当·斯密等十八世纪的思想家们假定，任何社会的交换活动的程度主要取决于劳动分工的程度，而他们想要证明，社会会因为对这种综合状况进一步发展的鼓励而进步。

由于当时存在的人类文化学知识的局限，他们还无法意识到，交换活动也是亲缘关系和角色等文化决定因素的功能。他们没有区分交换的市场和非市场类别，也无法认识到，伴随着不同文化间的交换活动所经常出现的贪欲和恐惧交杂的感情，因为这种商业交换式交流有成为血腥厮杀的可能。[17]

在高强度市场架构下，交换活动的步伐快得惊人。生活在这一架构下的人们学习如何通过购买商品实现自己的需要的满足。但商品的种类在更为富足的工业化国家中特别繁多，这代表了市场经济的最新发展阶段。为理解在这一架构下发生的满足问题的独特性质，人们必须对为满足需要而发明的其他社会组织的模式进行考察。

5.1 满足需要的四种架构

我在前面的某一章中提出，有关需要的大部分理论都不完整，因为它们试图脱离满足的实际社会模式来分析人类需要的组成部分。满足的一般模式是什么？显然，在人类社会的范围内有四种主要模式：完全以自用为目的的生产；在小型社会单元之内，主要为了自用，但包括有限交换的生产；在较大规模的社会单元内，主要为了自用，但包括有限交换的生产；主要以交换为目的的生产。这里概要列出的"标准类型"对于讨论很有用处。但要牢记，如此整齐的划分实际上并不存在，实际上存在多种文化的变种，它们可以按照这种划分归类，它们的特点却相互渗透，模糊了我们现在给出的这种抽象划分。尽管存在着这种情况，我们的划分方式能够让我们更为清晰地了解我们自己所处的局势。

完全以自用为目的的生产代表了没有永久居处的狩猎与采集社会的共同模式。这种社会对机动性的要求决定了整个社会只能积攒最有限的人造物品。这种社会单元的成员通常生产供给他们需要的全部必需产品。只有当这种组群与其他生产技术更为先进的组群有所接触时这种情况才会改变。发生这种情况时,他们可能开始交换那些自己无法生产的物品。

在小规模定居社会中,以自用为目的的生产是围绕放大了的家庭单元组织的,这样的单元通常提供了大部分生存必需品。但此外,在这类文化之内和同类文化之间也存在着一个精细的交换网络。这些交换局限于某些确定种类的物品。那些由家庭单元生产的物品分属不同的范畴,如奢侈品与生活必需品;而且还有一套规则,确定哪些种类的物品可以或不可以交换。在尼日利亚的蒂夫人之间,种类是这样规定的:"所有物品分为三类:生活必需品、奢侈品(奴隶、牲畜、金属)和女人。同类物品可以相互交换。在第二类和第三类之间存在某些交换原则,人们可以用黄铜棒换女人,但第一类物品不能用来换取第二类物品,尤其不能用来换取第三类物品。就这样,在这三类物品之间不存在作为共同等价物的金钱,而劳动力和土地不属于这三类物品。"[18] 科技更为先进的文化的接近或入侵可能会让这些社会业已建立的行为模式受到破坏,其程度可以像以狩猎与采集为生的游牧社会所遭受的破坏那样激烈。

大规模定居文明构成了第三种模式。在所有前现代文明以及那些直到二十世纪之前还在经济上处于"落后"状态的文明中,大多数人一直依赖于主要为满足其需要而进行的生产。在这种架构下,由国家机构管理的非市场交换可能相当广泛;此外,市场交换经常发生,但交换的范围还很有限,尽管它们扩展到了全球更广阔的地域之上。第二种模式最主要的特点之一是土地和劳动力实际上不能在市场交易中自由交换,这一特点也在第三种模式中保留，尽管形式有所不同。

欧洲封建制度是这种文明之一，它为资本主义、工业主义和无限制的市场交换准备了土壤。这里，所有的"生产要素"——土地、劳动力和资本积累——都已转化为无限制的市场交易系列，这一转化促进了科技创新与劳动分工的加速发展。有史以来第一次，一种与市场交换形成对照的市场经济开始形成。以自用为目的的生产主要限制在经济相对"落后"的部门——诸如种植业之内，因此逐步缩减，而人口的大多数逐步依赖于商品购买以满足需要。在更为先进的工业化社会中，从以自用为目的的生产向主要以交换为目的的生产的转化大约发生在十九世纪末二十世纪初，后一种生产是绝大多数人生活中的决定性因素。

5.2 商品的生产：使用价值与交换价值

需要—满足的第四种模式产生了高强度市场架构。在此架构下有着物质产品的庞大阵列以及与此相关的服务，后者让使用与享受前者成为可能。商品本身在这里变成了非常复杂的物品：人类需要本身的物质—符号关联所固有的模糊性也复制在这些商品上。它们并非简单的实物，而是"物质—符号实体"，即一套套复杂的信息和特性的化身。这些交织在一起的信息为商品购买者提供了商品是否符合个人需要的建议。从十八世纪进化到二十世纪的商品理论逐步对这一过程的进行方式做出了更为清晰的描述。

当代政治经济学，特别是它在十八世纪后半叶开始的成熟阶段的新突破，证明了由劳动分工、科技在生产中的应用和商品的大规模市场交换所带来的社会优势。这一突破主要关注的是与市场交换相联系的人类需要的物质方面；但需要的符号方面自然是存在的，虽然人们对此普遍认识不足。实际上，这一点在为解释商品本质而发展的价值理论中十分模糊；开始时，符号意义隐藏在价值概念之中，只在经济学理论进化的较晚阶段才变得明显起来。

使用亚当·斯密的语言，商品交换的理论植根于"使用价值"与"交换价值"的基本区别之中。前者表示的是某种物品能对欲望或愿望起作用的固有能力；而后者是某种物品对应于所有其他物品的相对市场能力，即在市场中，它可依照何种条件进行交换；这种交换可以通过以货易货，或者在无限制市场架构下通过货币这一普遍媒介进行。人们对于使用价值和交换价值之间的最初区分在这一理论的进一步阐述中没有得到完善。在对政治经济学中价值理论"精神文化背景"的讨论中，瓦尔特·韦斯科夫（Walter Weisskopf）试图这样解释这一现象发生的原因："使用价值与交换价值之间的两分性反映了前资本主义态度与经济价值复合体之间的冲突。通过否认"使用价值"这一概念，古典经济学家隐晦地承认自己是新生活方式和经济价值复合体的虔诚信徒。市场经济要求个人无限度地努力获取、积累和致富，并以此作为目的。使用财富本来并非获取的主要目的。因此使用价值无法在决定经济价值的过程中起主导作用。交换价值是经济社会中的重要概念，在这样的社会中人们被鼓励为积累资本而极致地发挥自己的能力。需要的满足只不过是附带的目的而已。"[19] 因此，并不是市场交换，而是一般意义下的交换（即市场经济），破坏了商品(例如生活必需品和奢侈品)的不连续领域内的早期实践,形成了经济活动在文化方面的决定性变革。但韦斯科夫认为使用价值植根于一个已经过去了的时代的观点是正确的,因为它假定存在着衡量某种物品是否适合个人需要的客观标准。因此,十九世纪现代经济学思想的主流学派越来越不注重使用价值这一概念了。

政治经济学以及后来的现代经济学都还认同如下观点:市场交换的范围日益扩大,这与人们的需要之间存在着某种无法确定的模糊关系。这一观点的基本假设是:只有个人才是商品是否适合他们的合适判断人。但马克思认为,不能简单地取消"使用价值"这一概念。在《政治经济学批判大纲》和《资本论》这两部书的前言章节中,他试图通过检查使用价值和交换价值以及生产与消费的辩证关系,分析一般交换经济的独特性质。[20] 马克思意识到,人们不能直截了当地把一般市场交换的存在视为理所当然,因为它并非如同一个意外发生的事件那样自发产生于人类社会,而是一个特定历史过程的产物:"将一切产品与活动分解为交换价值,其先决条件是分解一切生产者相互倚赖的个人(与历史)关系……价格是陈旧的概念,交换也是如此;但在资产阶级社会中,前者的决定性作用通过生产成本以及后者在所有生产关系上不断增进的支配地位而日益加强,但也才刚刚充分发展,而且还在更为完善地持续发展;那些相互间毫无联系的个人之间全方位的相互依赖形成了他们的社会关系。这种社会纽带通过交换价值表达,这也是让每一个个人自己的活动或者他的产品变成他自己的活动和产品的仅有方式。个人之间的依赖关系(开始时是完全自发的)是首先发生的社会形式[即奴隶制、农奴制],在这种社会形式下,生产力只能以很低的水平在孤立点上发展。在客观依赖[即资本主义制度]基础上产生的个人独立是第二种重大形式,在这种形式下第一次形成了一般关系之间和全面需要与全部生产力之间的社会自我平衡系统。在个人的全面发展、个人对他们所在社会的从属,以及以社会生产力作为他们的社会财富的基础上产生的自由个人,是第三阶段。"[21] 在制度上对个人劳动力活动和需要的表达的限制的逐步解除,构成了一般交换的必要社会结构。

马克思试图确定一般交换和商品生产的历史先决条件;这里最有趣的方面是他对于这一过程中有联系的有利与不利方面的强调。以上选引的部分仅仅是他经常重复的断言的一个代表性例子,即:资本主义为将在社会主义和共产主义社会中出现"自由个人"的可能性提供了必要的先决条件。他更为长远地展望了未来,并在这一对有利与不利方面的辩证关系中赋予了交换活动本身一个重大任务。他认为,交换是个人的一种"主要手段",正是通过这一手段,个人可以从社会群体如同"羊群般"的特征中脱颖而出,并把自己作为自由社会的成员之一而与由不同个人组成的自由社会相互联系。[22] 可以通过增加交换与友好关系打破孤立社会单元与世隔绝的性质;这一漫长历史过程的有利方面是为个人创造了实现个性可能的社会条件。其不利方面是越来越强的异化。在以交换为目的的生产活动中,人类劳动力与跟劳动力相关的"客观条件"(自然资源和社会关系)之间的关系是:后者是不受前者直接控制的环境。就这样,将市场关系一般化并完成了劳动力与生产手段相脱离的资本主义,便造成了"异化的最极端形式"。[23]

77 　　于是，马克思把交换过程视为人类历史的一个关键元素，认为它为个性的形成提供了可能性，但也同时强调了作为生产活动执行者的人类与他自己的生产活动之间的异化。把这一观念嵌入前面使用的术语中，人们就可以说，在由社会阶级分化造就它们的过程中，有利方面与不利方面（即个性与异化）也是以符号形式受到影响的。马克思分析的一个缺陷是，在有些段落中，他对以自用为目的的"直接生产"和以交换为目的的生产之间的区别划分得过于生硬。[24] 或者说，为了更准确地表达这一点，他强调了两种生产方式之间的不连续性，但没有注意到意义同样重大的连续性元素。通过现有的人类文化学证据，我们只能确认完全以自用为目的而生产的狩猎与采集的游牧阶段，而无法确认其他阶段。一种更合理的猜测是：交换出现于小规模定居社会问世前后不久。对于某些族群来说，完全不存在交换的决定性原因可能是其本身实际上的孤立状态；也许有一些社会化模式的例子，在这些社会中交换受到禁止或明显地不被提倡。

　　马克思的观点没有充分注意到内在于一切形式人类活动与自然环境之间各种关系的符号媒介。这使他认为，用以交换的商品的使用价值具有明确的内在属性。他把使用价值描述为构成商品的"主体"，由物质和人类劳动两种元素组成；他认为，在市场交换中，使用价值代表了"交换价值的物质载体"。这里隐含着的意思似乎是：每一个商品都有一个与人类欲望有关的客观特性；尽管马克思本人承认，"举例来说，这样的欲望无论来自胃口或者来自幻想，其实都毫无二致 。"[25] 但正如我上面所指出的，对于诸如食品与衣物这样的物品的有用性的看法是由文化或符号媒介进行调节的；如果这一点正确，则任何商品都不具有单纯来自其物质属性本身的明确的客观特性。

马克思确实认识到,在工业化生产的后期阶段,需要与使用价值之间的联系模糊了;因为他指出:"由机器批量生产的产品摧毁了产品与生产者的直接需要之间的一切联系,因此也摧毁了产品与直接的使用价值之间的一切联系……"[26] 这一构想更为接近本书对需要和商品之间直接的相互关系所做的解释。可以肯定,存在着一个由工业化生产带来的质的转变。但人类需要的物质与符号关联的二重性并没有让我们得以假定,在人类发展的定居社会的任何阶段存在着直接(即无媒介的)的需要。一般交换与工业生产并没有创造这种二重性。与此相反,它们打开了朝向这一最激进与最有问题的表达的大门。

亚当·斯密已经在《国富论》一书中交替地等效使用了使用价值和效用这两个术语。而马克思更愿意使用前者,因为这一术语带有如下意义:即使在一般化了的市场经济中,通常也保留了需要与实物之间的直接联系;而现代经济思想界占主导地位的流派已在开始澄清后者隐含着的非常不同的意义。由这一新途径得到的结果明确否定效用或有用性是商品本身的固有属性。英格兰经济学家杰文斯(Jevons)是这样表述人们在十九世纪最后四分之一的时间中达成的共识的:"首先,尽管效用是商品的一种性质,但它却不是一种固有性质。可以更好地将其描述为因其与人类的需要有关而产生的一种物的状态。"[27] 在这里,效用被描写为一种关系,而不是物的一种性质。因此,这是一个高度模糊的术语,或许可以说,这是对社会活动高度模糊形式的一种准确说明。

为什么杰文斯认为效用是物的一种性质,却不是一种固有性质?答案一定是,任何物都可能具有与其相关的有用属性,但这与具体情况有关。任何人们渴望的物都具有效用（其效用程度随时间递减，并可与其他受人们渴望的物之间呈某种相对比例关系），而如果供不应求，则它也会具有市场价格。判定愿望的属性或对愿望及其对象之间的神秘纽带发表评论并非经济学家的专长；只有精神分析学专家才可能会有在这一不确定的领域内安全探险的能力。[28] 但随后的发展证明，把效用考虑为人与物之间的关系并没有很好地体现需要的表达和满足方面的微妙状况。效用的概念还具有这样的含义：物本身存在某种明确的属性，且消费的"不确定"方面——即不同的个人对于某种商品的效用的看法具有多样性——取决于人与物之间的关系。可以肯定，这确实可以部分地解释需要—满足过程中的某些不确定性可能是怎样出现的，因为各种个人特质都涉及人与物之间的关系。然而，迄今为止，这一理论的发展还未能让我们发现商品本身包含的具有不确定性的强大元素。

5.3 集多种特性之大成的商品

几年前，一位美国经济学家凯文·兰卡斯特（Kelvin Lancaster）发展了一种商品理论，它代表了在理解现有消费活动方面的重大突破。他指出，过去的那些边际效用理论把一个人的选择次序视为"欲望"（某人心理状态的属性）与商品属性之间的关系问题。这些理论没有假设某人的欲望和他为满足欲望而选择的商品种类之间存在着一种直接的一一对应，也就是我称之为意义明确的关系。但它们确实假设，每一件商品——或者更准确地说，如食品与衣物这样的每一类商品——都有一套特殊的品质（或者说意义明确的特性），通过这些品质可以区分它与其他的商品。

十九世纪做出的那些假设并非不合理，因为它们符合十九世纪市场经济的状况。当时大多数商品就其物质构成来说还算相对简单，而且每类商品确实具有一套特殊的性质，这些性质与其他的商品的特性十分不同；此外，它们的质量可以通过普通人的常识性工艺判别力加以评价。但当今的状况与此大相径庭。今天的消费者在这样一种市场经济中操作："在这种市场经济中，任何特定性质都可能从任何其他商品身上得到。因此，消费者的空间原则上是所有可能商品的所有可能种类的完全集合，这些商品的数量是一个天文数字，其属性或许也是一个天文数字。"[29]

兰卡斯特所说的商品的"属性"指的是什么？它们是物的某些实在的物理性质，人们可以按已有证据标准检查并对之加以评价："每一种有关大小、形状和性能的客观性质都是一种潜在的属性。原则上，如果我们拿来一件物品，在各种生物的、化学的和物理的方面测量它的各种可能维度和各方面的性能，这样我们就评价了它一切可能的属性。"[30] 因此，属性就是过去人称商品的使用价值的各个方面。这一断言中完全没有新内容；兰卡斯特理论的新颖之处是他的进一步观点，即消费者对特性有直接或即时兴趣，对商品有间接或衍生兴趣。这一点源于现代工业经济中商品的复杂构成。举例来说，我们很少会说人们对各种食物本身感兴趣，我们会说他们追求的是诸如营养内容、是否容易烹调、每份食品的包装、外观与质地等一系列属性。然而，"方便"这一特性也是衣物、家用电器、旅行方式和其他商品的属性。兰卡斯特认为，不同个人之间的差别主要在于他们对各种特性的反应，换言之，就是他们的偏爱次序，而这一次序与特性集合直接相关、与拥有这些特性的商品间接相关。如果从另一个角度看待这一情况，我们就会说："生产者最终出售的是特性集合而不是商品。"[31]

兰卡斯特接受了这一观点，他总结道：我们将会"把人与商品之间的关系考虑为至少有两个阶段的事物。这种事物由物及其（客观上的与工艺上的）属性之间的关系，以及属性与人（私人的，涉及个人偏爱）之间的关系所组成。"[32] 较早的观念认为，每种欲望都是对某种特定商品的欲望。兰卡斯特的理论大大超越了这样的观念。值得注意的是，在高强度市场架构下，商品失去了它们独立的"身份"，其本身破碎成一套套特性；这一过程与需要的破碎化有交互关系。

兰卡斯特认为，这一分析的重要意义在于，它说明了让消费者能够得到有关商品属性的更为适宜与客观的信息的必要性。试以汽车为例。普通人无法自己检测这种商品的性能特征；因此，应该让消费者更容易得到由《消费者报告文摘》提供的测试数据这一类研究信息；必要时应通过新的法律条款强制公布与证实生产厂家所声称的性能。兰卡斯特认为，应针对标注在包装容器上的内容制订更为严厉的法律要求，这也会增加消费者有关某种产品属性的知识。无疑，这将是在现有条件基础上的一大改进。但举例来说，如果在包装容器上详细列举全部复杂化合物的名字，真的会改进人们对于某项产品是否适于他们需要的判断吗？正如我前面提出的那样，消费者面对的是物质组成如此复杂的庞大商品阵列，略微增加一点有关这些商品的可靠信息，不会对需要和满足需要的资源的混乱状态产生显著影响。

或许可以通过一种想象的情景或称"思想实验"来说明这一点。不妨让我们假定，在百货商店中陈列着数量庞大的个人"保健与美容产品"；所有这些商品的包装相同，并且只标注了实际产品信息（即列举了它们的化学成分）而不带有任何商标名、绘图说明、使用建议或同它们的竞争产品的比较数据（容易引起反感）。让我们进一步假定，有一个在这一社会中出生、长大并接受教育的购买者，她在一个与世隔绝的精神病院中度过了二十年时光后重返正常世界。在这种情况下，她所可能搜集到的一切产品信息都不会有多大的用处，并且那些一眼看不出用处的庞大数量的物品将把她打入完全困惑的状态。换言之，为了"释放"镶嵌在当前存在的商品阵列中的客观属性并使人与商品之间开始互动，消费者需要经常不断地努力，这种努力的目标是让自己一直熟悉商品的估算特性。

可以对兰卡斯特的理论进行一些修订以便更完全地解释这一点。他的两阶段过程的第一阶段（即商品与属性之间的关系）至少有成为客观信息的潜在可能；而其第二阶段——即属性与人之间的关系——当然是一种主观的、心理上的事物。当这一两阶段过程再次表达为有关商品本身性质的陈述时，商品看上去好像是一个物品和估算特性的复合体。估算特性是人们认为存在于物品内部的东西；人们的这些信念来源于有关商品的数不清的信息，这些信息是每个人通过广告和其他消费者的意见而熟悉了的。在高强度市场架构下，社会环境中流通的信息数量实在令人瞠乎其后。一位处身美国的人会在二十岁以前平均遭受三十五万条电视商业广告的轰炸。[33] 此外还有收音机、广告牌、报纸、杂志与其他形式的信息。这些信息组成了物品本身由符号或文化决定的方面。商品并非直截了当的"物品",而是物品和估算特性越来越不稳定的临时集合;也就是说,它们是高度复杂的物质—符号实体。商品的属性的破碎化与需要的破碎化存在互动关系。

5.4 需要与满足的形式

为满足需要而生产与交换的人工制品代表了人类需要中物质与符号二重性凝聚而成的社会形式。这一二重性存在于所有四种为满足需要而提供的社会活动的模式之中(即本书前面所描述的四种"单纯形式")。市场经济是商品生产与消费的范围,商品在市场经济中的加速交换建立在提供满足的商品日益增长的复杂性之上。相应地,个人也必然会对那些商品的属性变得越来越不熟悉。正如物质与符号的二重性体现在那些为自用而直接生产的物品上一样,这种二重性关联也体现在商品上。然而,当市场交换的范围在工业化生产条件下变得更为广阔的时候,这一体现在商品上的二重性呈现了一种"独立于"需要的不确定性的方面,它通过任何文化的社会化模式导向满足的目标。需要的物质与符号方面的相互渗透发生在生产活动中;它与消费活动之间的"距离"随着这两种活动成为个人日常经验中相距甚远的两个方面而越拉越大。

根据我的看法,发生在这一社会活动的不同阶段的质量转化仍旧只是程度的改变,而非种类的变化。这意味着,这种转变既带有穿越各个不同阶段的确定的线索,也有展现了确定的性质转变的发展顺序（尽管这一顺序并非一条完美的直线）。人类需要的物质与符号二重性是连续的因素；性质转变或不连续的关键点与市场交换范围的大小有关。范围越大，二重性在实物上的体现程度就越高。在一般交换逐渐被扩大了的市场经济所确立的背景下，存在着让个人发展他对商品和与之相关的服务（即对需要和商品的完整识别）的需要的固有趋势，而这会损害市场交换与不以市场过程为媒介的人际关系这两方面的更为平衡的交融。最近的研究发现，婚姻安排和家庭成员的相互关系可能会被视为市场活动的一种形式——效用和优先次序概念被用来理解每一个家庭成员所提供或要求的"服务"关系[34]，这至少在理论上为当前的流行趋势发展到了何种程度提供了一个说明。

一项思想实验或许有助于澄清这种观点。让我们假定，我们偶然来到了一个完全不熟悉的原始文化环境，而且我们从未受过正式的人类学训练。我们很有可能会在这一文化的全部手工制品中发现礼仪用品，以及其他可以认定为器具的东西，如罐子、工具等。在一段时间内，我们会对第一套物品的用处感到很神秘；但即使在看到第二套物品时，我们还是必须通过观察和参与来学习如何以某些特定方式合适地使用这些物品。我们将必须学习它们相互之间的关系；学习要在何种特定情况下使用它们；学习要用怎样的比例以及通过怎样的预处理或者仪式才能享用这些经过制造的自然物质；要通过学习知道哪种用法是禁止的，尽管在我们看来，这些用法或许正是这些制品所具有的生产潜力——"自然的"或明显的；如此等等。如果这一文化与其他文化之间只有有限的交换，我们就无法简单地通过与该文化的成员一起前往市场来测度这一文化对于物品的一般实践。反之，为了理解在这一社会中的活动与物品的直接关系，我们将必须亲身经历这一社会化的模式和人际关系的体系（即一整套社会"提示"）。

现在来想象一下相反的情况。与刚才的描述中我们的情况十分相像的是，如果一个陌生人突然进入了消费的工业伊甸园，他将不得不学习如何"欲求"物品。要做到这一点，他在白天就得消磨在市场上；但就他的行为导向来说，目前的这一步具体地说意味着什么呢？这里的符号媒介很广泛，但并不深入。由于时间有限，他将不得不对任何特定商品保持一种相对漠然的态度，并按照商品与属性的大类别排列他的优先次序。（与此相反，在肤浅的检查下，原始社会中的物品看上去非常简单；但为了理解在这些物品中沉积的多层意义，我们就必须学会更深入细致地解析原始文化中范围更为有限的物品。）然后他就会发现，在我们的社会中，带有支配意义的社会提示仅仅发生于永恒变化的整个商品世界之中，而不会发生在那些任何特定时间内都存在的特定物品之上；而且人们期待他会单人独马地向满足的麦加朝圣，尽管在事实上，所有其他人的定向罗盘上指示的都是和他一样的方位。如果他向与他一样的旅行者请求帮助，他相对幼稚的感官就会很容易地发现，对于镌刻在一路上不计其数的方向指示标上五花八门的信息，这些人的回答揭示了形形色色的选择。[35]

总的说来，塑造了人类需要表达方式的符号媒介在工业市场社会的形式并不比它在其他需要—满足模式中的形式更为复杂。但这些形式中存在着差异。首先，这些媒介是广泛存在的，但强度不高；值得注意的是，由于生产活动与消费活动之间距离遥远，这就让商品本身具有了自己的生命。在消费者的眼中看来，某种新商品在市场的出现几乎就跟它是自然产生的一样，但却又以同样神秘的方式消失。黑格尔曾经有过评论，说真理就好像发生在"人人烂醉的酒神节狂欢聚会中"一样，这话或许同样也适合高强度市场架构下的商品。商品表面上的确定性不过是迷惑人的虚妄，因为它们中的每一个都只不过是为市场营销技巧——即持续扩大交换范围——的更大战略部署服务的手段而已；是市场营销技巧控制着这些商品在消费者眼中的出现、演变和消失。它们本身只不过是关系特征不稳定的混合物，并不含有稳定的核心。今天附着于某种特定商品的特性可能不会简单地在明天转移给另一种离散的单个商品，但它可能会被拆散、重组并全面分布在一套不同的商品之中。

在这一部分中我强调了连续性的线索，它连接了需要—满足的各种模式。例如，我不认为在以自用为目的和以交换为目的的生产之间有一条简单分界线。我的目的不是要把高强度市场架构理解为一种与其他阶段区别很大的特殊的病态阶段，而是要把它当作对人类需要的固有不确定性的许多可能反应中的一种。这一反应的主要特点，是它完全将需要与商品当作一回事的倾向。我的基本意图不是要讨论一切与不确定性有关的满足问题，而是仅仅讨论我一直在讨论的一个特定问题。

在这一架构下来理解，需要与满足的主要形式之间的关系在个人的日常经验中就产生了一种混乱状态。我反对一些评论家的意见；我认为，个人的两难状态并不在于成为虚假或人为欲望的牺牲品，而在于要决定某种产品是否合适他的需要。这样一种观点并不带有只在这一社会架构下才可能出现这种问题的含义。然而，当以这一方式重新表达批判的观点，我们会问到底是什么东西让人做出这样的决定？有人或许可以立即回答：即使最为肤浅地阅读一下关于商品的当今信息,人们也可以凭直觉认为他的决定是有道理的。从肥皂到鞋油这些最平凡的商品身上都带有让人自然而然地感到高兴和有快感的图形;应该说,那些非常理性的生产厂家是不会完全出于异想天开的原因而花费不菲的成本设计与印刷这样的图形的。如果我们假定,人们发现这些图形能够显著地影响现代消费者的行为,那么我们是否可以说,这里揭示的并非愿望的病态(因为寻求快感当然并没有任何过错),而是物质欲望的病态?(在此我所用的物质欲望这一词仅指当前广泛接受的一种说法,这种说法过分夸大数量庞大的商品对于满足需要的重要性)如果果真如此,那么就会有一位友好的批评家出来提醒我们:对有关需要的符号的强调似乎是与这一判断不相符合的。因为,如果绝大多数个人确实对这样的信息有正面反应,而且他们的各项活动功能保持正常,如果他们仍旧对把自己的需要导向越来越繁多的商品种类的普遍信息有正面反应,那么,病态一说的根据何在呢?

要想回答这一诘难,我们必须找到某种原则,用以判断这种模式是否真的与本书对于人类需要的符号关联的强调一致。否则我们就只能得出结论:高强度市场架构是人类需要—满足的许多可能通道中的一条。只不过在这一架构下,需要的符号媒介与其他需要—满足模式的符号媒介不同。批判这一架构的理由何在?

我曾提出,一项批判绝不能依赖于在真实与虚假需要之间或在以自用为目的的生产和以交换为目的的生产之间进行区别。另一方面,我曾试图建立一种观点,即在一般市场交换和工业化的条件下,许多商品变成了越来越模糊的存在,即成为固有的不稳定与短暂的关系的特性的集合。建立在此观点之上的批判可以指出我们现在置身其中的市场经济的消极方面。

5.5　强化商品流通的消极方面

高强度市场架构是作为市场经济的最新阶段出现的，是由资本主义生产方式带来的。如同马克思和波兰尼等作者描述的那样，市场经济的创造依赖于对早期生产模式中对待自然和人类的劳动方式的无情破坏。市场第一次变成了人的命运的基本仲裁者、人与人类之外自然之间关系的基本仲裁者。

在市场经济创建的较早阶段，工人阶级曾为保证他们最低程度的必需生活进行了艰苦的斗争（这在经济命脉由跨国公司控制的第三世界国家中依旧如此）。然而，随着二十世纪初期社会财富与生产力得到了极大增长，消费领域内发生了一个决定性的转变。受到克勤克俭的生产伦理的教育，作为消费者的大多数人民那时还必须克制自己。正如斯图加特·埃文（Stuart Ewen）指出的那样，许多企业领袖在二十世纪二十年代认识到了这一事实。因为大萧条和第二次世界大战的影响，这一转变的全部效果被推迟了，直至1945年之后的年代中消费伦理才成为社会政策与实践的重大特征。

在市场经济向这一新阶段转化的过程中，资本主义生产方式的基础并没有改变。所有权和对生产过程的控制仍旧掌握在占支配地位的阶级的手中，这一阶级的权力建立在收入与财产固有的不平等地位的延续之上。对等级制权威的服从、剥削和劳动者的异化仍旧是人们在工作经历中遭遇的现实。有所改变的仅仅是通过加强广告与扩大消费信贷这类手段刺激和管理消费领域的增长。这种新政策并没有改变生产范围内的任何持续特点；诸如"消费社会"和"消费者主权"等暧昧概念带有消费者手中掌握着重要的社会权力的含义，并不希望人们去注意以上基本事实。

然而对消费的新的强调的确改变了大部分人日常生活的重要方面。生产关系的结构依旧未变，但在流行文化领域却出现了一个决定性的变化。这一变化有两个关键特点：第一，市场中现存商品的数量与复杂程度极大地增加，商品的特性在加速改变；第二，个人现在往往越来越单纯地以他们获得更高档次消费的相对成功程度来诠释他们的福祉。本著的目标并非断言资本主义市场经济中的消费领域现在变得比生产领域更为关键，而是要定义一个合适的框架，让人们能够在这一变化的冲击下理解需要的表达发生了什么变化，满足与幸福的感觉又发生了什么变化。[37]

用另一种方式强调这一点就是：我所试图去做的，是要将强化的商品流通中的消极方面孤立出来，从而将这一问题与其他相关问题，如剥削与劳动者的异化等，分离。从某种意义上说，这样做的目的是：试图对市场经济最发达阶段出现的"商品拜物主义"给出一个更为准确的形象。这是对出现问题的状况的一种检查。在这种情况下，人们对于需要的满足所做的所有努力统统都被导向消费领域。这种有问题的状况同时出现在官僚机构统治的社会主义社会以及政府管理的资本主义社会中，这一批判同样适用于这两种社会形式的某些方面。

那么，什么是这种强化了的商品流通的消极方面？它最重要的四个特征是：①需要范畴的破碎化和不稳定化；②需要的性质与商品的属性之间难以匹配；③对需要或者欲望的质量越来越不关心；④对个人以及作为整体的社会来说，环境风险日益增大。

（1）无论在前现代的非市场社会或在现代市场经济的较早阶段，都存在着高度结构化的社会模式，这些模式为个人确定了诠释他们的需要的合适范畴。例如，选择烹饪食物方面的某些文化模式通常是为作为整体的社会而确立的，这些文化模式的改变往往相当缓慢。尽管我们可以断定，人与人之间对于满足的体验存在着某种差异，即使在高度结构化的背景下也是如此；但以上这些模式还是起着规范个人对于某种商品是否适合某种需要的判断的作用。

然而，当商品的属性持续地迅速改变时，需要的范畴——不同个人通过这些范畴与以上商品产生联系——却处于一种稳定的变化状态。当商品的特性集合开始迅速改变时，个人有关某种特定商品能否满足某种特定需要的看法也就变得不稳定起来。特性跨越了从前那些各不相同的需要、经验和商品的范畴而一再重新分配。例如，据说香烟中薄荷醇的味道与春天的来临"有类似之处"，而购买某种型号的汽车就"如同"获得了一种新的个性。就这样，需要的表达本身逐渐被碎化为越来越小的颗粒，随后，它们因应市场的提示而变化，转变为短暂、易变、不稳定的模式。从前的需要范畴瓦解了，由此产生的片段通过不断的重整形成新的模式。需要片段的持续分化与改组让个人非常难于（如果不是不可能的话）就自己的需要形成一套一致的目标，因此要对某种特定商品是否适合他们做出判断也就非常困难。在这种情况下，有关满足与福祉的感觉就变得越来越模糊与混乱。

（2）今天人们提倡的消费伦理依赖于它在需要范畴不稳定

化方面的成功。然而，人们可以从它的当前形式中找到早些时相对稳定范畴的痕迹，这一相对稳定的范畴来自过去结构化更高的社会模式。有关商品的信息通过广告传播，它们把商品与美好生活的某些画面联系在一起；这些画面为刺激欲望提供了背景特征。这种背景特征经常由美好生活的传统图像组成，它们是从基本上已经从日常生活中消失了的社会场景中提炼出来的：慢节奏的生活，静谧与安详，广阔的空间，贴近自然环境（乡村生活的图像）；与挚爱的人们共同享受美好生活（家居生活的图像）；达到了根据自身要求而不是根据制度要求设定的目标（在非体制架构下取得成功的图像）；购物时的那种熟悉与有把握的感觉（手工技巧的图像）；对于质量和良好判断的关心（高雅品味的图像）。

广告的编排把背景形象与商品联系了起来，但这些商品其实与背景形象毫无内在关系：用未受损害的荒野令人惊叹的照片为背景展示汽车或香烟，或者把酒精饮料瓶子放置在装满手工制作的家具的农舍之中。很显然，人们在这里进行的尝试，是要把假定能够由背景图像唤起的正面感觉传递给商品，虽然这些商品与这些图像的联系方式如此牵强附会。事实上，工业化市场经济的扩大正是这些在广告背景图像上的场景从大多数人的日常生活经验中基本消失的主要原因。这些信息有意利用源于自相矛盾的愿望的模糊性，一方面是为了把满足与那些正在消失的场景联系起来；另一方面是要进入现代消费商品的整个范畴。

通过把商品的图像跟自然环境的图像联系在一起，需要的碎化和商品急速改变的属性意在破坏与上述传统图像相连的对幸福感更为稳定的感觉。成功的幸福感来自将需要的一些方面与某种商品的特性匹配所取得的某种程度的成功（如同在整个社会和环境状况的限度之内感觉到的那样）。在目前状况下，这种匹配变得越来越困难。在这里，一个人的许多消费选择中的每一个都代表了对某个需要片段和商品特性的复杂而又不稳定的网络的瞬间决定。需要片段的每个暂时的集合都是由许多细小的颗粒构成的，这些颗粒也以多种其他方式暂时地结合在一起；而每种商品的特性也分布在相当没有联系的商品范畴中。如果某人在某个特定的消费选择中享有成就感，他是否能够确定，是需要集合中的哪一个特定颗粒与他所购买的那件商品中的特定特性相关，因此帮助他得到了这种感觉？我认为，在大多数情况下他无法确定这一点。我也同样认为，这说明，在满足和幸福的感觉中一定会有更大的不确定性。

（3）认为至少在某种程度上，正是这种更大的模糊性推动了个人在商品的阵列中广泛寻求合适程度的满足，这种想法并非不合理。如果确实如此，那么通过这种推测，我们就对通常称为欲望的不可满足性这一观念做出了一个更为准确的陈述。如果这一点属实，那么我们正在见证的，就是无数个人以市场为实验室，以他们自己的需要和感觉状态为实验课题所进行的庞大的自我实验。

在给出了本书前面部分提到的一些必要的限制条件（例如信息的不恰当和时间的缺乏等）后，这种欲望在数量上的扩大会损害需要经验的其他维度。单纯地要求越来越多的物品，这种欲望意味着，个人对每种欲望的特定性质和那些商品本身的关注必然会因此下降。换言之，在寻求满足的过程中，个人必然会对欲望和商品的细节与细微差别越来越漠然处之。需要的强度性质受到损害，其受损程度与对需要片段和商品特性之间几乎无限的匹配可能性进行搜索的广度成正比。举例来说，在批量生产的塑料家具那千篇一律的平淡与单调中我们看不到在木材（大部分木材都被做成纸浆了）上能够看到的纹理与细部的微妙差别，这似乎无关紧要。但这种对商品质量无所谓的态度，以及由于我们随时都可以用"更好的新东西"替代它们，所以对它们的依恋微不足道等，只不过是我们的需要表达本身变得浅薄与琐碎的一个方面。

（4）消费如此之多的商品的可能性依赖于商品生产吸收现代科学知识的成就与技术创新的狂热步伐。由于使用了这些手段，数量庞大的剩余物进入了生物圈。人们已经广泛意识到了有些危险物品如铅和汞的毒害；但对大多数危险物品，现有的科学知识尚不足以评估它们的潜在危害性。如我之前已经说过的那样，人们最近怀疑在喷雾器中使用的氟碳化合物喷射剂就可能会对大气中的臭氧产生毒害作用。现在尚无法确定情况是否确实如此，或者这种可能性一旦存在其影响是否会很大。然而，长远地说，重要的是我们在商品生产中使用、特别是大规模使用这些物质时所承担的未知的环境风险的潜在规模。[38] 根据当前对商品与实际上的或可能的负商品的系统分离状况，要让人们在这方面（对个人与社会来说）做出合乎情理的决定几乎是不可能的。人们似乎也可以把我们现有的实践描述为工业社会的一个庞大的自我实验，这一实验的最终后果可能不但会危及人类的生存前途，同时也会危及许多其他生物的生存前途。

有人或许会认为，人们一定有非常实质的原因才开始了这样一个实验，但以潜在的危险为一方，以肤浅的需要（正是为了满足这些需要人们才进行了这样的实验）为另一方进行比较，人们会发现这两方极不相称,因此可以证明这种想法是错误的。作为预防措施,当前的创新和生产速度应该显著放缓。清醒地评价这一形势会让人们相信这一点,尽管这种反应并不充分。因为我们面对的并非一套有限的、定义明确的变量,而是整个地球生态无法想象的复杂性。没有任何人能够预测,在我们的科学认识发展到哪一点时我们才会充分掌握这些复杂的机理;或者,考虑到这些机理起作用的范围,我们是否有一天能在需要的情况下,有能力发明有效的措施,对无意中造成的损害进行补偿。出于谨慎,我们现在应该在商品生产中尽可能降低对于具有潜在危险性的成分的依赖程度。为实施这种更高程度的预防措施,我们必须以大大减少可用人工制品的数量与种类为代价。

这四套互相有联系的问题是强化的商品流通的几个突出的消极方面,它们直接体现在商品本身。植根于高强度市场架构下需要与商品间的特有混乱状态,让我们迄今无法理解这些消极方面和它们固有的潜在危险的严重性。

6. 二重模糊性

人类需要的模糊特性存在于物质—符号二重关联之中，这一二重关联与塑造了需要表达的社会化模式交织在一起。人类需要的模糊特性在那些满足我们的需要的商品上得以再生产。在前工业时代的传统文化中，已有的社会化模式通常不仅对需要的表达，而且也对商品的重要意义强行进行了诠释；这种做法的总体往往在很长一段时间内保持相对稳定。换言之，一套统一的符号媒介决定了对二者的诠释。市场交换更为广阔的范围破坏了对需要和物品更为直接的辨认，让个人得以在更为灵活的社会限制网络中更加随心所欲地表演。

在一般交换经济中，市场本身往往成了符号媒介通过它流动的主要场所。市场是为社会成员定义合理行为的流行模式的主要参考框架。与在有限交换条件下束缚于长期形成的习惯的个人相比，在这一架构下的个人享有多得多的自由来实验他们的愿望。在一般交换经济中，生产与消费活动的分离消融了过去的那套统一符号媒介，在市场的流体媒质中形成了一种特定需要的"布朗运动"（brownian movement）。个人选择的更大随机性并非无序，因为占统治地位的社会模式鼓励人们把他们的需要单一地解释为对商品的需要，从而维持了总体的一致性。

一般交换条件下的工业化生产使市场交换的规模和灵活性发

生质变成为可能。能以无数种方式合成新材料与能源的能力也开创了一个过程，其结果是使市场交易的商品碎化为特性集合的瞬息万变的状态。商品向特性和信息的不稳定网络的碎化进一步提高了需要与满足这些需要的来源之间关系的模糊程度。

需要的碎化与商品分化为确定物品的过程存在着互动关系。这一关系的两个方面总是存在着固有的不稳定性；尽管在"传统的"社会中，由于市场活动范围的局限，这一二重不稳定性通常被限制在某种范围之内，但高强度市场架构却允许这种不稳定性全面发挥作用。在疯狂的日常交换节奏下，这两个方面都倾向于失去其独立性而崩溃为另一方面。需要的限度变得等同于可能的商品的范围，而商品的性质差不多成了那些渴望获得这种商品的人的心理状态的函数。

由此便出现了通过操纵商品信息来广泛模拟个人经验的可能性。但在这样说的时候，我们必须记住人类需要的模糊特性中的连续性因素。在定居生活模式的每一阶段都存在着强化了的文化活动，它们通过组群交往得到发展和规范，总是在某种程度上涉及对个人体验的社会模仿。在每一种文化中，周围环境（如地形地貌、植物群落和动物群落）的重要意义以及创造出来的人工制品的重要意义都通过已有中介加以诠释，无论这些已有中介是萨满教徒的舞蹈或者是教科书；因此，尽管情况形形色色，区别很大，但这些重要意义都在某种程度上代表了对个人可能有的经验的社会化"操纵"或模拟。高消费生活方式的特殊之处是，它得以通过广泛手段控制这种过程（如体现为庞大数量的商品的相互作用），而不用强化手段控制（如采取与有限范围商品相关的人为措施）。

在前面章节比较高强度市场架构与其他的需要—满足模式

93

时，我对连续与不连续的因素都有所强调。在本部分讨论中，我试图确定市场架构中被认为解释与满足需要的社会框架的独有特征。为了尽可能仔细地遵循单主线的探讨方式，我只附带地对这一架构的其他主要方面做简要评述：包括与健康和安全因素有关的生产环境，管理的权威或等级方式，以及劳动力大军一直变化着的职业结构；在市场经济整个发展过程中已被制度化了的国内收入与财富的巨大不平等；在殖民主义、帝国主义和新殖民主义时期世界上不同地区之间的剥削关系。

  这四大方面在重要性上不分轩轾。这四大方面共同组成了我们生活于其中的社会制度的基础。在此给出需要与商品之间相互作用的理论是为了暴露这四大方面之一——需要、消费和满足的范围——的结构性动态。本书不会对讨论中确定的社会问题提出任何解决办法。本书第三部分的目的更为有限：探讨一些可能的维度，人们或许能够在这些维度中探寻问题的可能答案。

第三部分 预 测

7. 走向人类需要的替代性架构

人们在过去十年中进行了许多研究，用以确定是否会有足够的资源来满足人类，特别是其中要求最高的北美人口的物质要求。人们可以把对需求预测的指数式上涨视为加速寻找矿物与新能源的提醒。自从发现了需要把资源提取和利用对环境造成的影响归入总计算中之后，供给问题的总规模已经开始浮出水面。美国的计算结果已经被总结在一份题为《物质需要与环境》（*Material Needs and the Environment*）的联邦政府报告之中。根据已在序言和导论中引述的这一研究的结论，到2000年，该国的3亿居民每年将需要数十亿公吨的矿物和有机材料，以及等价于60亿公吨煤的能源。

如此数量庞大的预计需求，使人们有充分的理由相信，对供给是否充足的担忧会增加，特别是考虑到预计2000年在这个星球上生活着的其他70亿人会提出与此竞争的需求时尤为如此。在发达地区与发展中地区之间直到现在依然盛行的贸易条款已经开始随着石油价格的上涨而发生改变；而将来，一切有关人们非常渴望的物质的贸易条款都将发生根本性改变。人们将就资源的价格问题爆发日益激烈的争吵；同时，在对这些资源进行有效管理方面也会出现经济与政治联盟的转变，这些将成为国际关系问题的主要特点。

公众舆论对资源效用与人口统计的预测逐步发展，但主要局限于对地球的最大"供养能力"的估计，这一能力指的是地球在人类希望有的福利水平上能够维持人类生命的能力的上限。现在仍然最受政府各级政策顾问赏识的是科技决定论，他们认为，科技水平的持续提高能够轻松地为可能会在21世纪生活在地球上的50亿、100亿甚至150亿人口中的每一个提供舒适的生活水平。另一方面，有一小部分人持不同见解，他们认为，达到地球的能力极限会比人们预想的要早得多，特别在仔细考虑了环境的约束以后尤为如此。欧利希（Ehrlichs）出版于1970年的《人口、资源、环境》（*Population, Resources, Environment*）一书是受到广泛关注的第一批持这种观点的著作之一；1972年发表的《增长的极限》（*The Limits to Growth*）这一建立在具有高度争议性的计算机模拟技术基础上的研究报告，让报纸的读者和电视机观众突然注意到了这种观点。最后，在1974年出版的《人类前景调查》（*Inquiry into the Human Prospect*）一书中，一位颇有名气的经济学家罗伯特·海尔布鲁诺（Robert Heilbroner）含蓄地以这种方式得出了恰如其分的悲观的社会与政治结论。

这些对立观点的对抗只不过刚刚开始，无疑会在将来愈演愈烈。但即使现在，人们也可能会就三个基本点达成大体一致的意见。

首先，我认为，即使最为热情洋溢的科技进步乐观主义者也必须承认，会有某些经济与人口增长的理论极限存在。科技的继续进步当然能够舒缓一些短期问题，但人类总有承认自己必须开始控制经济和人口的一天，所以，这样做只不过让这宿命的一天推迟到来而已。科技决定论的唯一追求不过是为了当前非常成问题的奢侈而抵押未来的一种方式,即不愿意为了未来的潜在灾难性后果而承担修改今天所推行的政策。在某种程度上,科技决定未来论者华而不实的咆哮只是他们政治上的胆怯与无能的遮羞布而已。

第二,对于资源的需求和可能的环境退化来说,人类总人口的增长不是造成我们的两难处境的关键因素。对人口增长问题本身的唯一合适计算必须遵循以下等式:人类需求对环境造成的冲击等于人口、人均物质消费与单位数量的物质消费对环境的影响三者的乘积。[1] 生活在工业化发达国家的人口占地球总人口的1/3;他们当前使用了现有资源的90%;正是他们的(而不是整个地球人口的)需求的指数式增长和对环境的冲击,才是造成正在出现的全球危机的真正与直接原因。[2] 我这样说并不是要否认总人口膨胀本身代表了人类社会的一种两难处境。人们可以从许多角度出发,认为地球上任何地方——无论发达国家或发展中国家——的现有人口都超过了人们希望的水平。但这并不是我们面临的直接难题。我们面临的直接难题是发达国家对资源不可原谅的掠夺和由此造成的环境退化,这些问题决定了当前全球"政治经济"的主流趋势,是未来整个人类潜在灾难的源泉。无论我们是否赞扬科技乐观主义者洋洋自得的海妖之歌,我们都应该至少认识到,是谁创作了这一曲调。

第三,现在参与行动的各方力量的庞大规模已经形成了一种惯性因素,这一状况限制了决策的可能性。换言之,现有实践行为的广度如此之大,以至于人们即使现在对政策方向进行重大调整,它们的影响仍会在将来持续很长一段时间。例如,人口与生产的集中化肯定会让人们在未来依赖高水平的能源使用。即使现在马上禁止喷雾器推进剂气体应用于工业与消费品,它在高层大气的浓度也不会在 2000 年以前触顶回落。而且,如果我们现在想要成功地把人类生育稳定于更替水平(即净增殖率为1),总人口数仍将继续增长 50 年以上。由于这些条件都是完全不切实际的假设,因此,政策改变所能期待达到的实际结果还会有限得多。当我们在将来有了更为清醒的认识时,我们所面临的越来越多的问题将超越能以简单方法解决的程度,体制与环境力量的巨大惯性以及它们之间错综复杂的相互关系提高了发生这种情况的可能性。

在全球政治经济上施加影响的力量的惯性与复杂性应该让我们意识到,这种惯性与复杂性会裹挟着我们去测试地球供养能力的极限;而我们一直不作为,直到被逼近这一极限。由于这一社会状态的发动机是发达国家的政治经济,而且发源于这些国家政治经济的"发展"模式受人称颂,被认为是放之四海而皆准的理想形式,所以我们必须检查建立在这一模式之上的社会实践,看我们是否希望评估一下改变其方向的可能性。这一社会实践在北美进化得最为彻底,这一地区为所有发达国家(包括一些名义上的社会主义国家)指出了前进的方向。它的特点是欲望无法满足和无限制的经济增长的理念。

我已经在本书中提出,就地球的潜在供养能力极限所进行的辩论仅仅涉及当前越来越严重的社会两难处境的一个方面。这本来是一个多重问题;将辩论局限于单一方面是危险的,因为由于"惯性前冲"效应,当有关这些极限位置的确定证据姗姗来迟的时候,我们已经坐失了在不造成广泛的社会灾难的情况下扭转方向的时机。我们必须增大这一辩论的范围。我们必须直面欲望无法满足和经济无限度增长的理念以及维持这些理念的社会实践。

这一社会实践的实际形式是我们称之为高强度市场架构的东西，它导致鼓励个人将其需要单一地诠释为对商品的需要的状况。在发达国家中，这种状况有多种形式，包括资本主义与社会主义的不同变种，并存在着相当不同的发展阶段。本书将发达国家中少数富豪的行为视为高消费生活方式的"理想类型"。显然，发达国家中的许多人无法参与这一生活方式。但我还是假定，这一理想受到大多数人（自觉或不自觉地）相当大的支持，所以这是造成社会转变普遍趋势的关键因素。在这种条件下，物质利益的分配如此不平衡的事实并不重要。

这一理想鼓励一切个人把消费活动置于他们日常活动的最核心地位，并同时增强对每种已经达到了的消费水平的不满足的感觉。在这一持续扩大的满足与压抑的恶性循环中，所有那些科技决定论者幻想中数不清的未来财富都与我们当前面临的问题毫无关系。高强度市场秩序下的社会实践在发达国家内得到了不同程度的制度化，在其他地方通过经济高压与意识形态战争被作为普遍理想加以推销。正是这一社会实践应该对浪费了我们这个星球上的大量资源负责，应该对当前人民的存活依赖于大量使用能源的农业负责，应该对造成人类将来对带有危险性的核能的必须依赖状况负责，也应该对向生物圈引入大量有毒化合物这一事实负责。人们有充分理由认为，我们随后还会继续沿着这条道路走下去，并通过理论与实践检验这一行星供养能力的极限。但我们无法无限推迟一场严肃的社会辩论的开始，辩论的主题是这一社会实践的不完备性，尤其是这一社会实践让我们担心我们的生态状态的好运很快就会完结（特别是考虑到我们的现行政策的惯性力量）。我们是否还有任何改变当前道路的希望？这首先依赖于我们对当前的去向是否有清醒的认识。

本书试图为这一自我澄清过程提供一些指导方针，以及人们已经应用于这一过程中的一个基本的系统原则。为试图揭露一个动态过程——在特定社会框架下需要与商品的相互作用——的内在结构，我有意避免根据一些正面的抽象标准来对这一过程进行任何评价。曾有人建立了"人类需要基本模式"并根据这一已经建立的标准来测度某一给定社会的实践；他们已经应用过上述方法。早些时，我曾对人们或可称为"需要的积极理论"的理论提出了一些不足之处。组织任何可以得到普遍赞同的计划都极为困难；无论如何，用这种方法确定的需要的内容往往如此广阔，以至于在它们之下可以有大量各不相同的行为模式。尽管如此，大部分理论家承认，只有通过考察社会成员们个别与共同进行的活动，才有可能给出需要的实际定义并加以详细阐述。[3]

但一种批判性观点却可以揭示需要体系中可能的矛盾之处，即阻止个人意识到他们自己的目的和潜能的层层混乱。这种方法已在前面的讨论中有所应用，可以用"需要的消极理论"这一称呼说明其特点。这种方法并不试图确定什么是或应该是在当前特定历史条件下个人的真实的或合适的愿望。它的基本目标是要说明，为什么在高强度市场架构下，需要表达变得越来越不一致，以及个人如何变得无法理解他们自己的欲望的目的。这种方法几乎肯定不会认为任何过去或现在的其他形式的社会实践会有能力为人类需要表达与满足提供一种模式，这种模式能应用于任何情况并在各方面都强于其他模式。但这种方法确实试图确定特定社会实践下矛盾的特别形式。之所以说这一需要理论是"消极的"，是因为它并没有针对需要定义一个可能合适的范畴。只有那些自己发现了现有体系不足之处的个人与族群能够提供这些范畴。

但这种关于需要的消极理论并不完全是不可知论的。因为尽管人们不能对替代性架构下的需要做出定义，人们却可以假设这一替代性架构出现的必要条件。这样的条件有两个：为造就一个易于生存社会所需要的制度重组；联系生物圈内其他生物体的需要来实际理解人类的需要；其实这也就是作为整体来考虑人类以外的自然。

我们不需要为经济和人口增长有一定限度的观点寻求的借口。但一切都取决于，我们是把这样的限度看成令人痛苦的失望，还是将之视为一个难能可贵的机会，可以在创建易于生存社会的过程中把数量的积累转变为质量的改进。如果是后者，那它的本身并非目的，而只不过是某些替代实践的必需框架，这些替代实践能够为需要的表达提供一种新的架构。可以通过这种关系评价十九世纪与二十世纪的某些社会思想流派提出的一些社会转向方式。

替代性架构应该建立在生产与消费的何种水平之上呢？首先，这个问题无法抽象地回答；其次，我认为，如果我们在认识需要的时候不完全停留在以人类为中心的框架上，就能对此给出更合适的回答。我提议，我们应该进行探索，看是否有可能建立一个兼收并容的框架，联系人类以外的自然来考虑人类的需要。这并不是为建立新的神秘主义而提出的托辞。实际上，这样一个框架将不仅包括我们关于自然的科学理解，而且也有对这种理解的逻辑扩展。就像我将要试图说明的那样，对于将人类的需要表达导向新结构的价值来说，这是一个最为合适的框架。

在以后的评论中起作用的假定是：发达国家中社会进步的可能性依赖于打破需要与商品的螺旋式上升。我认为，这是这些国家中实现社会进步的必要条件，但十分明显的是，单单是这一条件并不充分，不同时考虑其他的必要变革是不可能超越高强度市场秩序的。至少有另外的两种变革是必要的，即跨国公司的经济与政治权力的削弱以及更为和缓的国际关系。似乎可以说，现有秩序并非自发产生的，而是由集中的经济权力进化而来的；因此，不经过对抗并战胜集中的经济权力从而推翻现有秩序，要实现这一进步就是无法想象的。类似地，发达国家的经济关系逐步紧密地联结在一起了（最近这种联结也包括资本主义国家与工业化的社会主义国家之间的关系），其结果就是，发生在一个国家但却受到这个国家的一些经济伙伴国家反对的变化可能会遭到这些国家的破坏，其手段首先是操纵货币交换和资本流动，如果这些未能奏效，则它们可能会采取政治与军事措施。

这样一来，一切克服现有社会经济秩序破坏性的考虑还都只是乌托邦。明显的原因是，人们无法找到一项破坏现有国际经济和政治安排的可行计划。如果情况确实如此，通过什么方法才能证明任何这类考虑是合理的呢？为什么我们愿意讨论将对我们当前的实践产生实质性变革的替代政策，而且认为这样的讨论会在将来实现呢？

之所以如此，基于我们的一项期望的合理性：当前流行的政治常识建立在现有的社会政策之上，但在今后四分之一世纪内的某个时刻，这些社会政策可能会宣告破产。我无法拿出任何论据证明这一期望有着充分根据。当然有这种可能，即发达国家可能会采取严厉而又成功的措施，继续维持它们在地球资源上不平衡的份额；如果需要的话，在这些国家中的那一小批富豪可能会设计独裁主义的国内政策来保持他们对社会变革方向的控制；而且在这些国家内部，环境的退化可能被控制在"可接受的"范围之内。

但即使最为卓绝的努力也无法让大势继续以这种方式发展，这种假设并非如同表面看上去那么荒谬。在《人类前景调查》一书中，海尔布鲁诺为一项更为悲观的预测提供了一些原因；与赫尔曼·卡恩等人乐观的科技幻想相比，甚至连约翰·布鲁纳尔（John Brunner）在《羊眼向上》（*The Sheep Look up*）一书中虚构的预测看上去都不那么不合实际了，而政府委员会中的那些大员们现在还满怀敬畏地接受卡恩的轻松言论。但我曾指出，人们对于未来政策的选择并非完全取决于个人的主观性格。相信经济增长、人口增加和资源与能源的利用没有限度并不合理。那么为什么我们会相信我们现在一直沿着最合理、最实际的政策前进，直到我们不得不被强行阻止时为止？人类既往的历史并没有证据告诉我们，已有的制度会及时应对突然出现的新限制或新的控制条件。而现在的政策体系比以往绝大多数政策体系都要庞大得多，因此具有更大的惯性，转变它的方向需要异乎寻常的努力。

1848年，当约翰·斯图加特·密尔在试图认识未来政府的问题时写道:"为了我们的子孙后代的利益,我衷心希望,未来的政府会在被逼无奈而必须放稳脚步之前就自己满足于稳定。"[4]但遗憾的是,让人"被逼无奈"的时刻甚至可能在我们还没有认真考虑过之前就已经来临。

8. 易于生存的社会

约翰·斯图加特·密尔在他的《政治经济学原理》一书中放入了题为"关于稳定状态"的简短章节，该章主张经济发展和人口增长的稳定化。他在这一章中提出了一个大胆的理念，即认为当时的生产力与人口水平不需要任何进一步提高。当然，他认识到了生活必需品和自我实现的机会在人民中间分配的巨大不平等，但他争辩的论点是，这些只有通过社会组织更为理性的形式方能改变。他坚持后来被事实证明为正确的观点：物质财富在数量上的增加未必会大大改进作为整体的人类的状况。最后他认为，从数量标准向质量标准的转变是未来社会进步的主要诉求。

此后一百多年来，社会思想界占统治地位的流派都不约而同地对密尔的建议保持沉默。直到最近他的建议才被重新发掘并应用于当前问题。[5] 然而，最近的这次讨论仅仅倾向于确认密尔的担心，即稳定状态的想法只是在应对紧急的必要状况时才会受到认真考虑，而没有被人直接作为改进质量的有效框架。正如海尔布鲁诺暗示过的那样，在资源与财富分配出现残酷竞争的情况下，稳定状态的来临或许会导致更为激烈的冲突和以集权政治手段解决问题的尝试。

另一种替代方式——对稳定状态有能力实现质量改进的期待——一直藏匿在当今讨论的隐秘区域之中。密尔本人并没有指出什么样的创新的社会实践可能对稳定状态的正面完成是适宜的，或者用更为合适的当代表达来说，对易于生存社会的目标是适宜的。⁶ 与此直接有关的建议可以从十九世纪与二十世纪其他思想家的著作中找到，尽管这些建议并不是作为对密尔想法的直接反应而提出来的。可以在更早些的思想家如傅立叶、马克思、卢斯金、莫里斯和克鲁泡特金以及密尔的其他著作中，以及当代作者布克金、弗洛姆、伊里奇、古德曼、麦克弗森和马尔库塞的著作中找到这些建议。我引用这些人的名字，不是让人们接受任何实际建议，而仅仅是为了说明社会变革的一套可能替代性方向的一些特征。

让替代性思想流派得以活跃的正面理想与价值一直以人类个性的维度为中心。这些思想家从来没有像本书这样单纯关注高强度市场架构的消极方面。他们的正面理想的共同关注点一直是如下断言：某种社会转型可能会让一切人的劳动和业余时间都含有丰富的空间。如果说有一条基本命题为这一流派奠定了基石，它就是如下想法：人类满足必须植根于创造一个人们共同活动、共同做出重要决定的功能良好的环境，他们将在这一环境内创造满足其需要的手段。

对于这一流派来说，社会必要劳动的组织方式以及这种劳动与游乐、休闲活动之间关系的本质差别，是在生产与消费活动的各种形式中出现的满足问题的决定性因素。举例来说，通过非等级制的、以社区为基础的联合体网络形成的劳动组织，将能构成一种与当前的主流社会实践有很大不同的社会实践的具体形式。这样的决策机构将允许个人在自由与自治的条件下确定他们的需要。换言之，对于这一流派来说，最为重要的，是需要的表达与满足方式中发生的变革，而不是一套需要的替代方式的定义或预置方向。需要的新结构无法事先确定不同质量的生活条件带来的后果。因此，前面提到的"需要的消极理论"是这一传统的一个关键因素。

根据这一观点，满足的可能将主要是生产活动的一种功能，而不是如同我们今天所在的社会中那样，主要是一种消费活动的功能。有一些证据证明，人们知道如下事实：消费增加的速率应该是对人们在社会生活的其他范畴中经历的挫折的补偿。[7] 本著强调消费过程中的固有模糊性，试图证明，为什么这会是一种毫无作用的努力。如果这一观点是正确的，我们就有理由相信，朝向进步的社会变革可能依赖于确定与消费过程有别的其他领域，满足与幸福的感觉也可能会基于那些领域。进行详细研究才能对上述讨论中提到的思想流派的那些建议做出批评性综述，本著无法尝试这一工作，[8] 仅使用几条简短的评论肯定这些建议的要旨。

在个人活动层次上，在替代性架构下，满足的可能性将与克服提供商品与服务工作上的极端专业化（特别是脑力劳动与体力劳动的系统分离）以及在商品交换范围内随之而来的限制有关。这一直是这一流派的计划，而最近埃万·伊里奇（Ivan Illich）给了它一个新的名称：共同欢乐（conviriality）。伊里奇用这一术语描述一种社会构造，它基于"人与人之间自主与创造性的交流，以及人与其周围环境之间的交流"。"共同欢乐"社会的目标是逐步分割工业化经济的庞大制度结构，并尽可能减低个人对该结构的依赖："人们有对和解、安慰、感动、学习、建造自己的房屋和埋葬自己的亲人的天然能力。这些能力中的每一种都能满足一种需要。满足这些需要的手段可以很丰富，条件就是这些手段主要依赖于人们自身的能力，而对商品的依赖性很小。这些活动具有使用价值，但没有被赋予交换价值。人们不把为人类服务而进行的操作视为劳动力。当社会环境的转变使得基本需要不再能够被丰富的胜任力满足时，这些基本满足就变得很稀少了。"[9]

当前，生产与消费活动的组织阻碍了某些个人天赋与能力的发展，因为这种天赋与能力发展的目的是直接参与那些能为范围广泛的需要提供满足的活动（修造房屋、烹制食物、裁制衣物等），而不是把人们的活动单一地导向市场行为。"共同欢乐"社会将鼓励个人最大限度地从事直接生产活动。

商品与市场交换并没有任何固有的邪恶，人们也没有理由认为应该把它们彻底根除。只有当商品交换倾向于成为满足需要的唯一方式时，人们才有担心的理由。试图在对每一种社会进行总体经济分析时确定一种普遍适用的模式，从而决定市场交换范围的相对重要性也没有任何益处。我们可以假定，商品生产的重要程度将按照特定的状况和社会组织、人类愿望的不同而有广泛的不同。如果某个特定社会的权力足够分散，可以允许其成员享有广泛的不同选择机会，那么，即使在这个社会之内也不需要任何统一模式。控制这种选择机会的简单规则可以陈述如下：通过市场交换得到复杂的已加工商品的可能性与对满足需要手段的局部的直接控制成反比关系。

显然，只有在社会政策克服了现有的全国范围内的财富集中和广泛的地区不平衡之后，这些对不同模式的选择才会成为切实可行的替代性架构。在一个国家内或各个国家之间推行各种物质商品和生活的无价值的统一是工业化经济体内一般市场交换的主要倾向之一。这不是科技进步本身的必然结果，而是偏爱大型、集中的生产技术方式、忽视中小型技术方式的社会政策的结果。由这一政策造成的国家与私人的投资模式集中了生产资源，降低了任何大都市以外不与生产的组织中心直接相连的社会与经济活动的活力。

替代性社会政策的目的并不是要让一大批人口重新回到艰苦的环境中去（那种艰苦环境过去经常是穷乡僻壤的特色），而是要在更为广阔的情况下传播现代科技的优势，也即有意牺牲集中生产或许存在的某些"效率"。[10] 如果由另一种统一模式（例如完全相同的小型群落）来代替现在流行的这种模式，那么这种操作确实将会是自我挫败的。当前乡村群落中的生活经常可以简单地说成是城市生活更为穷困些的版本。为了让各种同样具有活力的生活状况出现（从城市生活到小型群落生活），当前更为偏爱集中生产和一般商品交换的投资中很大一个比例将必须转而用于支持社会组织的替代性模式。[11]

现有社会政策的"理想型人物"是一批居住在城市高层住宅群中的群体，他们依赖于庞大复杂的系统处理垃圾、供给能源、食物和其他必需品。这种生活状况的各个方面都是高能耗的：从建筑物的供暖与降温、机械化农业、交通、商品制造直至废品回收等。[12] 要维持这样的生活状况，就需要为人们持续提供矿物燃料和当前对核能发电站的庞大投资。这些投资本可以转而用于支持替代性理想的高效科技，例如依靠太阳能或风能供电的小型住宅或小群建筑、温室以及通过废品再生得来的营养来提供日常生活所需的很大一部分基本需要。如果在通讯和与信息存储中心联结的当地计算机终端上进一步采用新技术，就能够克服过去分散型小群落所遭受的某些不便。

替代性社会政策的目标将不会是强迫一切个人接受另外一种整齐划一的生活模式,而是为人们提供其他选择,这些选择看上去会比今天更具吸引力。现在的投资决定带有仅仅给出单一选择的效果,即选择高强度市场架构下集中生活的城市人群,似乎只有这种选择才有生命力。但在替代性政策下,工业化和复杂科技的积极特点可能会为当代社会提供一种过去社会从未有过的奢华享受,即能维持多种不同的生活状况;这些生活状况对个人来说更加具有吸引力。这才真正有可能形成当今条件下反映个人不同需要的各种不同的需要与满足模式。如果把现代生产技术的天赋本领应用于更公正地在不同的生活状况之间分配物质与文化成果,而不是强行将这些生活状况铸入单一模版,则个人将会在更为广阔的范围内进行现实的选择。例如,在这些情况下,个人可以在许多层面上进行满足的交换,将从日常品生产活动中的个人满足与在一般市场架构下消费得到的满足进行交换。

通过一般社会政策形成的方向将使个人交换满足的范围得以确定。换言之,对于个人来说,不同选择的相对诱惑力将部分地由整个社会具有的选择确定。工业化国家战后生活标准的提高在某种程度上建立在廉价能源与矿产存在的基础上;这种状况正在迅速改变。能源与资源价格的持续上涨以及环境退化很快就会开始限制高消费生活方式原本期望拥有的欢愉,为维持日益广泛的满足形式,需要让商品质量逐步下降,扩大(按照马丁·克里格的方案)模拟欢悦的范围。在这种条件下,对高强度市场架构满足形式的替代方案可能看上去会更吸引人,条件是,这些替代方案没有受到社会体系的抑制——该社会体系不惜任何代价企图强制推行通向福祉的所谓的唯一道路。

反对我们在此讨论替代方案的人们经常谴责这些理想"原始"、"脱离实际"与"反动"。所以,至关重要的是,我们需要在开始时就说明,这一观点无意赞美任何较早的社会发展形式,把它说成是"我们应该回归的黄金时代"。这一观点并不假定任何较早的模式成就了某种人与人之间和人与其周围环境之间更好的"自治与创造性交流"。它指出的是,生产与消费活动的当前形式(包括我们对于能源密集型的大型工业技术的依赖)压抑了个人的自治精神、创造性和责任。可以肯定的是,表达这些特点的某些范围曾经存在于社会组织的大部分形式中,也存在于本书所分析的形式中;而且,现代工业主义的某些成就为它们的表达与实现创造了新的可能性。因此,我们不需要采取以下立场,即认为我们现存的社会代表了对个人自我实现的某种永不缓和的压抑;我们也不必认为,任何一套替代性建议都预示着对人类弊病药到病除的完全疗效。我自己在这里所做的假设很简单,就是让我们能够稍微放纵自己一下,去幻想当前流行的模式在不太长的时期内就会不起作用了,然后我们就会想到,替代性挑战能够拓宽我们希望考虑的选择的范围。

社会变革的当前方向被物质生产的无限制扩大的理想以及支持物质生产的基础设施(更精密的大型技术、更高的能耗、生产与人口的集中化、功能的进一步专门化和商品更繁多的花色)所主宰。我认为,这种理想的消极方面带来了某些危险性;这些危险性的潜在范围如此之大,以至于可能当人们可以认清它的本性时,人们已经失去了有效处理它们的时机。这种占统治地位的理想的消极特征内在于其本身的结构,并随高强度市场架构的成功与繁荣呈正比例放大。如果这一体系因某种约束而开始变得不稳定(例如前面提到的成本上涨),这一理想就会因此产生其他困难。

总的来说,应对这种局面有两种可能的方法。尽管出现了对高消费生活方式的约束条件,人们仍然尽可能长久地保持这一社会理想。现存的不平等将继续存在甚至加剧,当以商品积累为标准衡量的总生活水平不再上升甚至开始下降时。由于这种社会理想的实施原则是将一切欲望与志向导向消费领域,当有希望获得的满足范围缩减时人们的忧虑和挫折感就会加剧。社会摩擦会急速增加,因为人们现在对物质的一般期望远远高于过去(例如大萧条之前的水平)。要在这种情况下维持高消费理想,必然的结果是由少数精英阶层代理人实施更加令人压抑的独裁政治统治形式。

另一条道路的状况尚无定论,但要走上这条道路,人们需要有更大的勇气和先见之明。在这条路上旅行所需要的人才与手段皆已齐备。如同前面指出的那样,这条路的一个方面涉及替代性的发展,在这种情况下,人们需要更多地鼓励个人直接参与与满足需要相关的活动,而不是像当前的主流倾向那样,把需要的各个方面都导向模糊性持续增加的商品世界。如果想让这一替代方式有任何成功的希望,那就应该抓住时机,抢在现有制度所造成的持续增加的混乱与挫折感在公民中间产生绝望情绪之前,也就是现在,就朝这一方向迈出头几步。

无法将这样的活动的特定形式白纸黑字地写在一部理论著作中让人选择,这不同于时常出现在我们信箱中的百货商店商品目录,可以让我们随意选用不同的版本。本著采取了批判性分析,意在详细罗列把需要单一地导向商品的当前社会实践的结构性失误；关键问题在于重新为社会政策和资本投资制定方向并降低我们对这一机制的依赖性。其结果将是尝试以能源与资源消耗大为减少的方式满足我们的需要。新的途径将随社会经济、政治、科技、文化与地域特色而有差别。无法事先描绘出这些途径以诱使人们踏上旅途。它们将与任何替代性思想流派开出的药方大为不同，也不会与本著前面为说明问题而叙述过的评论相同。但我真切地相信，我们完全不缺乏开辟这样的道路的独创性。

在经历了又一个百年"发展"之后，我们能够针对社会变革的决定性方向给出一个比密尔能够给出的更为准确的一般性指导方针。如果一些工业发达国家的目标是降低商品在满足人类需要中的重要性，并最大限度地减少人均能耗与物质需要，则这些国家的社会政策总体效果就是易于生存社会的形成。未来大部分的科技创新，其目的将是协助实现这一目的，并与工业剩余废品在环境中积累的影响做斗争。以下进一步的观点尤为重要：只有当一系列相关政策（如逐步战胜局部性地方贫穷的政策，这种贫穷甚至在最为富有的工业化国家中依然存在）成为上述目标的有机组成部分时，向易于生存社会的转化才会呈现出社会进步的形式。相当明显的是，如果无法做到这一点，所谓易于生存社会也不过是社会弱势分子贫穷状况的另一种形式罢了。

以下总结我为易于生存社会想法提出的两个基本点。首先，与其说它是一个目标，还不如说它是从与幸福相脱离的定量标准而走向幸福的定性标准的社会政策的一个参考性组织框架。因此，我们应该积极地接受它，把它作为社会重组的一个强化的动态阶段，而不是消极地把它视为我们珍爱的远大抱负惨遭失败的象征。第二，易于生存社会是否在任何特定时刻以国民生产总值的增长、稳定不变或下降的经济形势为标志，这一点并不重要，因为这种形式会在特定的情况和需要下变化。人们迫切要求的主要东西是资源的再分配和政策的重新导向，这样可以让满足需要的问题不再被完全视为消费活动。在一般人和社会机构中应该存在一种持续增长的趋势，即人们更为关注对工作的满意程度和生产活动中的共同决策。[13] 这是我们应该努力提倡的一种趋势。

密尔明确提出，他的"稳定状态"的特征必须包含保证社会公平的适当措施。他并没有要求绝对的公平，但"高工资的富裕劳动者整体"、对于财富积累的限制和脑力劳动者的适当高收入，是他所要推行的社会政策的一部分。人口也必须稳定：密尔认为，即使在他的时代，地球上差不多所有地方的人口都已经达到了令人满意的水平。但还有另一个标准："人们并没有令人满意地仔细考虑这个世界：他们没有为自然留下自己活动的余地；世界上的每一寸土地都用来为人类种植食物；每一处绚丽的荒原或自然牧场都经过了开垦，所有无法驯养而为人类所用的哺乳动物或鸟类都因为与人类争抢食物而被灭绝，每一丛灌木或多余的树木都被连根拔起；在发展农业的借口下，找不到几处野生灌木或野花没有被作为野草根除的地方。"[14] 密尔的恳求出自一种审美观念，与他同时代的一些思想家抱有与他相同的观点；这种观念表达了他们的信念，即人类更优雅的情感是通过在野性自然中的体验得来的。今天，在与易于生存社会有关的情况下，人们正以不同的原因回顾密尔有关人与自然关系的忧虑。工业生产与人口的无情扩大粗暴地把关心的所在从审美教育转向了实际生存。人类需要对自然环境的影响问题现在已经达到了这样一种程度，以至于我们必须把人类需要问题视为生态相互作用这一更大网络中不可分割的一个有机部分。

9. 人类以外的自然需要

我在"需要"这一部分中指出,心理学、经济学和社会学文献中有关人类需要的讨论一直局限于以人类为中心考虑问题的狭隘框架之内。换言之,这些讨论考虑了许多问题,但它们仅仅是从人类需要的定量与定性维度出发提出的,人们认为这些维度与人类生存的适宜状态的目标有关;但这些讨论并没有同时考虑为了这些目标而采取的行动对其他生物形式的生命的冲击,以及对我们赖以生存的生物圈中其他生物的一些共同需要的冲击。一些人类学文献寻求通过更广阔的环境相互关系理解人类的生态模式,但这仅仅是少数个别例子。我相信,我们现在必须放弃那种以人类为中心的狭隘思想体系,转而发展一种广泛的方法来寻找将人类需要与生物圈内其他生物形式的一般需要相协调的特别方法。[15]

在这种条件下我叙述了"自动平衡"(homeostasis)的概念;这一概念描述了控制一个物种与其环境间关系的一些过程。这些过程涉及一套复杂的反馈循环,每一个物种的成员都通过这些反馈循环持续调整自身,以对竞争物种、季节变化和长期气象变化、可用食物和偶发性局部灾难等做出反应。在一个自然顶极群落中,物种的数量和多样性都提供了复杂的反馈体系,它们往往会抑制任何干扰。

如果我们从这一相互关系的视角观察人类的进化过程,我们可能就会明白，这是由于一系列成功的适应过程允许这一物种抑制通常的反馈循环。第一个成功的适应过程或许是有效的社会狩猎技术，它对追猎对象在更新世的灭绝做出了贡献，并标志着人类成了独一无二的高效捕食者。后来的植物栽培技术和动物驯化技术提高了人口密度，而通过大规模永久定居获得的集体力量更让平衡进一步向对人类有利的一边偏移。最后，在一个新的社会组织形式下，作为所谓征服自然的基础工具的现代科技成熟了；于是社会组织形式在人口与环境关系方面引入了进一步的质变。当然，在这样的一般模式下存在着许多地区性差异和中间阶段。

以上任何一项都不意味着一切与人口有关的环境反馈回路已被排除。如上所述，值得注意的是，实际上发生的情况是，对许多物种来说构成了自动平衡过程的一般反馈模式受到了压抑或暂时停止了使用。一种越来越多地受控于技术操纵的独特人类模式出现在这些阶段的每一个中间。这一独特模式中既有积极的特点也有消极的特点。

积极的方面是对作为整体的人类丰富的文化进行了精细的阐释，其中包括需要领域。这种精细的阐释是由于（至少部分地）与环境的正常反馈回路受到修改而成为可能的。在人类发展的过程中存在着反对环境直接"给予"的状况，换言之，就是反对狭隘地解释满足领域。人类社会与一套复杂的媒介交织在一起，具有选择满足的可能来源的广阔范围。在需要体验的微妙转化中，存在着对抗单纯被动地适应环境机遇与限制的阻力；正是从这一阻力出发，人们根据自己对一整套"需要系统"的反思性理解，发展了决定自己与环境之间相互作用的人类需要。换言之，符号媒介把一系列离散的个人或群体的要求转化成了跨越过去、现在与未来的代代相传的文化整体。

人类社会对其环境的每一个反应都要经过这一文化整体的调节，而不是对即时状况的直接反应。而且社会还要对抗环境波动的影响，努力维持这一文化整体的完整性。这一过程的积极方面是需要领域内的丰富多彩，这是人类文化的普遍特点。例如，甚至当物质的满足水平极低时，人类共同的手工制品仍然有着绚丽的表现。这种丰富多彩主要表现在强度上而不在广度上。这并不是实物总数量的简单功能。它表现在内涵意义的复杂层次上，在这些层次上产生了对需要的清晰表达和对人类与人类以外的自然之间关系的认识。

消极的方面可以从主张人类与人类以外的自然"分离"的术语上看出，这些术语中包含着人类在操纵其周围世界方面的高傲态度。人类统治自然的思想意识是这种态度的最极端版本。这一态度的实践表达是人类在生产与消费活动中对人类目标的追求，而追求时人们对这些活动让其他生物形式受到的冲击无动于衷；这一态度最极端的形式是基于人类的物质需要建构社会实践。这种社会实践把人类以外的自然仅仅视为达到人类满足的手段。

我已在前面指出，这种社会实践的结果，是人们越来越对他们自己的需要的本质不感兴趣，而且只要涉及他们的需要和被认为是为他们的需要服务，他们就会越来越陷入一张模糊性的网罗之中；在以这种导向为基础的经济发展的较高层次上——即在高强度市场架构下，商品的能源密集型工业化生产有在无法估量的程度上引起环境退化的危险。社会与政治秩序与永不停歇的经济增长"挂钩"，也与日益严峻的环境风险"挂钩"，

116　而这一风险来自维持经济增长的复杂生产过程。

　　我们正在讨论的这一过程——改变正常的环境反馈回路——的主要消极方面是，在考虑生物圈的容忍极限的情况下，很难真正实现对人类需要的合理化管理。让我们重新叙述一下我们前面为讨论而大略描述的假定：生物圈中存在着某些容忍极限；发达国家的工业生产体系现在正在测试这些极限；我们现在不知道这些极限是什么；让我们继续沿着现在这条路走下去，直至达到或超过了这些极限才幡然悔悟：这是不明智的。到那时我们可能已经无法减轻已经造成的不利后果，或者虽然能够减轻但却需要以灾难性的社会破坏为代价。

　　简单地说，我的观点就是，现在对我们来说，重要的是要具有开明自利的思想，以此重新评价我们的物质需要对环境的冲击。这主要是工业发达国家的责任，因为是这些国家的所作所为造成了最初的危机；举例来说，这一危机的可能后果包括会威胁世界各国人民福祉的大气与海洋污染。我们现有的科学知识让我们能够认识到，维持我们赖以生存的生物圈过程有一些客观要求。为了把这一更大的范围归入人类需要的演算，我将之比喻为"人类以外的自然的需要"。对于我们来说，当前最迫切需要做的事情是试图了解这些需要，并根据它们调整我们的物质需要。

　　开明自利思想要求我们重新安排我们的科学技术研究力量的优先次序。例如，研究喷雾器推进剂对于大气层中臭氧的可能影响就具有相当高的紧迫性，但现在调拨给这一研究的资源却远远低于那些应用于市场追求的资源；而后者无疑正在继续为我们创造类似的两难处境。氯乙烯、石棉、铅、汞，人们已经知道了这些广泛使用的材料的一些危险，但可能还有许多危险尚待发现，有一些我们还根本没有想到。开明自利思想要求我们最为慎重地考虑：普遍依赖核能——这对维持本世纪末城市高密度人口的高消费生活方式确属必须——是否明智？生态风险的规模如此庞大，应该足以让我们仔细倾听替代性选择的声音，例如鼓励人口密度较低的群落尽可能多地使用太阳能与风能的呼吁。

维持人类在地球上的活力有一些一般要求，我们要发展对它的科学认识，并能在这一过程中建立一项开明自利计划。人们已在过去几年中在这方面采取了一些初步措施。最近有关"生物贫穷"——即动植物物种由于最近的人类经济和人口增长压力而加速消失的现象——的一次科学讨论会对此提供了一个说明。这次讨论会的报告提到了下面的问题："例如，如果亚马孙河流域的动植物群落继续不断减少，那么大约有 100 万植物与动物物种将消失（迄今为止，世界范围内的消亡速率估计为每世纪约 10 000 个物种）。"[16] 无论人类是否干预环境，都会有物种因进化过程而消亡。人类对自然环境的压力与物种跳跃地快速消亡有关，一些科学家对这种现在尚无法确定不利后果的情况感到担忧。这些科学家的假定是，地球上某种程度的生物多样性对于复杂形式的有机生命的持续活力是必要的。在这次讨论会上，人们对生物多样化是否需要一种"伦理规范"进行了一些讨论；人们在讨论中认为，"这种多样化本身就存在着价值，而且它与人类的生存与健康是一致的。"人们会因这种伦理规范所固有的价值而采用它。这种想法或许过于乐观，但至少谨慎行事和开明自利的想法能够让我们对于它与我们的生存前途之间的关系进行研究。

一项生物多样化的伦理规范是联系人类需要与人类以外的自然的需要的一个尝试。换言之，它将把人类需要置于一个以开明自利为基础的更为广阔的参考框架之内,超越了短视的人类中心观点。前现代社会也存在着参考框架,其中人类无法掌控的力量被认为是在自然中运行的;而且根据这些观念,社会的男女成员受到提示,以更广阔的利益或目的为基础,检查他们意识到的利益。这些框架提供了一整套世界观,并以这种世界观判定人的行为是否适宜。然而,如果任何更为广阔的参考框架出现在现代社会中,它都必须与以现代科学为基础的人类对自然的认识一致。这并不是说科学拥有解释自然的独有权利;而是说,实际上,开明自利计划依赖于对科学与技术的研究,因为正是在这些科学与技术的帮助下,现代社会为我们招致了最初的生物灾难。

因此,从我们的开明自利观点出发,"人类以外的自然的需要"这一想法涉及的不过是一些功能参数,人们可以在这些参数之内定义许多生命形式的共同利益。大概可以说,大气中的臭氧状况就是那些基本参数的一个例子。我们可以试图运用我们对自然的科学了解来标示这些参数;但还存在一些科学知识无法以任何精确度加以标示的地方,这可能就是在告诉大家我们知识的不足,让我们以极端谨慎的态度注意我们对生物圈内的化学过程的冲击。[17] 因为,尽管我们有着强大的科技创造能力,但我们还是可能发现,对于某些行动造成的不良后果,我们只能在它们对人类与人类以外的生命形式造成了可怕的代价之后才能减轻。

简单地说,开明自利思想只不过是从更长远的,而不是从较短的视野来看待人类的前景;它使用了已有的知识,同时谨慎地审议我们对待自然的科学方式。试图理解复杂的生态系统的尝试已经够困难的了,但同样问题重重的任务是设计有效的制度手段来把这些科学知识(以及对其现存不足之处的了解)应用于合适的社会政策。以特定的术语来表达的一个例子就是：我们如何才能让生物多样化的伦理规范有效地发挥作用？绝大部分现代的世俗政治与经济制度都只能处理相对短期的目标，而在遭受压力时就只能勉为其难地招架一个又一个的危机。

在国际关系的层次上，各国政府之间相互冲突的利益表现在它们为不同的制度结构的经济与政治生命所进行的斗争上，这一斗争超过了它们之间共同的环境利益，于是后者只能任由权力政治的短期考虑肆意摆布。工业化国家的国内政治是这一更大图景的缩写。无论某国政府是国家资本主义的或是国家社会主义的，维持经济生产都是政治权力、国防和国际性控制首屈一指的重要环节。因此，主流观点可以容忍人们对环境退化的关心，但前提是这种关心不能对生产领域造成过分严峻的影响。[18] 如前所述，在那些设立了污染标准的地方，只要经济上发生了困难，立刻就会有人呼吁放宽或者取消那些标准。

无论对于国际政治或国内政治，我们现存的制度都不能有效地应对远期环境退化。在国际层次上，这种明显的不恰当如此严峻，以至于非常可能发生这种情况，就是即将发生危机的形势将迫使竞争的各方将管辖与强制执行权交付给某个国际组织。说到西欧与北美各国的国内状况，那里的政党主要竞争的是管理有问题的国民经济，在那种架构下还没有几个人敢于提起"宜于生存的社会"这样一种选择。但至少，即使把那里的现有生产水平稳定下来，并按照不同的要求重新调整，人们也仍然能为当地居民提供得体的生活标准。换言之，我们的经济与政治制度目前仍旧有灵活性，可以让我们试用可能的替代性选择，尽管推延过久之后才开始重新考虑环境问题是不明智的。没有哪个国际联盟（即使是工业化国家集团）现在还具有单方面改变国际形势的能力；但富国已经拥有持续积累的大量财富；所以当需要的满足向不同的观念转化时，这些财富可能会在国内经济范畴内缓和转化造成的冲击。

我们现在还无法想象在全球范围内应用类似生物多样化伦理规范这一类东西。然而，我们可以开始在国内经济这一较小范围内应用其基本原则，即在考虑人类以外的自然的需要的情况下重新诠释人类需要。我们迫切需要的是一个开始，而不是一种虚幻的信念跃进，这种跃进完全寄希望于可能出现决定性的即时解决方法。这一转化牵涉到扭转我们的观念，让我们不再对人类以外的自然的需要保持冷漠，低估后面这一转化的深度是愚蠢的。我相信这一转化一定会很快发生，而且我们现在的工作是寻找可以促使公众认识这一问题的实际方式，这种信念是有道理的。

该从何处做起呢？此事关乎人们对于环境退化对多种生命形式的共同利益的威胁：正是出于这一观念，我寻求将人类以外的自然的需要与人类对于满足的追求相联系。因为有需要就有生物体或社会群体为了生存而必须保卫的利益；而在现有事物的范围内同时存在着共同利益与竞争利益。在当代社会中，对共同利益的定义和对竞争利益的裁定是法律系统的职权。法律系统的基础是权益平等的理念。直至今日，人们认为只有人类及其创造物（制度及人造物品）能够行使权利与保护自己的利益。但近来有人建议，我们或许应该承认自然实体的法律权利，并通过此举将环境以及环境的组成部分包括在法律过程中，以此裁定竞争利益的获取。

提出这一建议的克里斯托弗·斯通（Christopher Stone）毫

不避讳地承认，大多数人会认为这是一个无法想象的理念；但他仍旧认为，至少在美国，现有的法律系统已经具有了一种能够加以调整、使之包括这一新功能的框架："那种认为自然物不应有为自己寻求补偿的权利的观点并不是不可避免的，也可以说这种想法是不明智的。只是因为河流与森林无法开口说话，就说它们不可能有身份，这种说法是不正确的。公司也不会说话；国家、产业、婴儿、无能力者、市政当局、大学也都不会说话。律师为它们说话，正如律师通常为有法律问题的普通公民说话一样。我认为，人们应该仿照处理无法律能力者的问题的态度处理自然物的法律问题……同理，我们应该有一个体系，通过这个体系，如果某自然物的朋友感觉它处于危险之中，他就可以向法庭申请为它指定监护人。"[19] 根据监护法律，可以由某一常设法律程序代表某自然物（可以是生物，一组事物或一部分地域），已有或正在规划中的人类活动对这一自然物的影响可以明确接受辩护与评估。那时，一方是人类机构单独或共同使用环境及其资源的权利，另一方是自然物在某种程度上享受对人类需要的压力的保护，人们必须在这两者之间找到平衡点。

这样一种状况是否意味着人类完全无法使用自然界中的任何事物？这个问题本身就暴露了提问者错误地理解了对于法律状况的讨论意味着什么。单单是某种事物（人或非人）具有法律身份这一事实，并没有使之具有绝对的权利从而免于其他事物对它的索取；人类具有法律身份，但他们并不对他们的生命或财产享有绝对的权利，这些都可以在某种状况下丧失。身份所能授予的，是将某种实体置于由具有权威的法庭管理的普通保护程序的保护之下，并由这一程序确定以何种已有手段保护它的利益（如法庭聆讯权、为损失要求起诉与收取补偿的权利等)。身份承认该事物在法庭上享有成员的权利,而在这一讲坛上,争议各方的权利与责任将根据有关过程的共同标准进行审议。这样一来,如果人们决定采纳这一建议,法庭可以为一片受到污染的湖泊指定一位法律监护人;该监护人向污染的责任方提起诉讼,要求消除污染,并给以合适的处罚;而且,如果损害经过了评估,罚款将用于移除污染物或设立保护系统以防止环境进一步退化。

自然界中每件事物都应被认为具有权利因此具有法律身份,这一假说可以为以下参考框架提供一个基础:人类利益可以在考虑生物圈中其他自然物利益的情况下加以检查与测度。我认为这是一个特别合适的建议,我们的社会将为它的法律准则所取得的成就而自豪,因为这是一个合理解决争议利益的公平、正义的场所。

为确定这一建议是否有任何可行性,我们必须找出一些有人可能会提出的主要反对意见并对之做出回答。首先而且最重要的是,只有人类(以及他们创造的制度)才能有利益与意愿,因为只有人类才能明确地表达它们。难道说这是在当今形势下合适的回答吗?我们自己的科学理解已经发现并且说明了一些过程,通过这些过程,生物物种与生态系统(如湖泊)可以维持作为生物实体的完整性;用普通的语言来说就是维持其健康发展。当然,并不能简单地说,这就让任何自然实体有了一个初步的稳定条件。如同单个生物体一样,各生物物种和生态子系统都存在着生命周期(可以扩展到几十万年),在基本上不存在人类干预的情况下,它们在其生命周期内出现并消失,或者发生根本性转变。我们一直在持续积累有关这些生命周期的各个阶段越来越复杂的知识,包括它们的进化过程所达到的当前层次。就这样,通过我们的科学理解,我们能够估计在何种条件下一个物种或者生态系统将能够沿着其进化之路进一步发展,而且或许可以利用这一知识作为参照标准,用以测度因人类干预而造成的偏差程度。很显然,我们的目标并不是完全禁止任何干预,而是要建立自然物作为竞赛的一方(另一方是人类的需要)的独立完整的科学观念,这样我们或许会对规范生物圈内竞争利益提出的要求建立合理的理解基础。

我们应该建立一个有关我们的需要对环境冲击的新认识,这一建议为此提出了一个可能的方法。这种方法有如下优势:它依赖于一个为裁定冲突而建立的已有制度;它与我们的科学认识方式及其有关自然的观点一致;它对我们的科学理解做出变化的反应,因此它是动态的而非静态的。最后一点的意义特别重大,因为我们的法律系统的开放的特点可以根据知识和感觉的变化加以调整。我们的法律是建立在权利概念基础上的,但在任何时间内可行使权利的种类以及那些可以行使它们的特定实体(人类与非人类),是根据社会的价值和知识的状况而有着相当大的变化的。给妇女和黑人以他们过去所不享有的权利是变化的明显例子,根据上述最后一点发生的类似变化也同样重要。例如,现在的法律以现有科学知识对人体的生理理解,为部分环境规定了铅的允许标准;这些标准可能会因为有关人体健康的更先进的知识而更改。评估生产与消费活动中造成的无意识后果并对此进行必须的调整,似乎是我们现在出于对人体健康的考虑而越来越倾向于做的事情;我们能够而且必须为生物圈的健康做同样的事情。

因此，自然实体拥有法律权利的想法可以在有关生态体系功能的最新科学进展中找到根据。因为这种知识本身对社会无能为力，要让它在规范日常生活行为准则上起到一定作用，人们就必须设立一个运行框架，通过这一框架，可以在社会的制度过程中让科学知识发挥强有力的作用。人们习惯于将一项革命性的社会实践简称为"征服自然"，这项社会实践在三百年间已经改变了地球和人类生态状况的面貌；但这一社会实践特有的逻辑存在着与生俱来的问题；人们不应该认为我们的这一建议只是"征服自然"问题的一个容易的解决办法。按照克里斯多弗尔·斯通的话说，让自然物拥有法律地位的想法本身并非目的，而应该是对自然物权利从理智、情感到制度的变化系列中的一个环节，这将反映"人类与人类以外的自然之间关系的一个根本性的新观念"。[20]选择法律领域作为这些改变的参考框架，原因就在于它是为进行理性辩论和解决利益冲突而建立的场所；而且它已经建立了将决定付诸有效行动的程序。当前最为紧急的，就是需要为理性辩论与行动开辟一个空间，而不只是抽象陈述新价值。为建立不同的行动世界，我们需要首先就可以采取的步骤进行公开讨论并做出实际规划。

我曾提出，我们应该努力通过开明自利思想来认识人类以外的自然的需要，并从而认识其利益。换言之，我们应该试图把自己的需要与利益跟我们生活在其中的环境架构的需要与利益相协调。我们必须承认，为达到这一目标，承认自然物的法律权利是否是一个可行或令人满意的手段，现在还完全不清楚。这种计划可能在原则上并不完美、在实际运行上遇到挫败，因此会在引导我们的需要走上新路的过程中出现进一步混乱。[21]显然，现有的法律系统远远不止是一个单纯理性辩论的背景，它也是一种制度，如同其他制度一样，这一制度的实际操作也部分反映了社会与经济权力的主流分配，因此实际上意味着，它的操作必将经常维持特殊利益对共同利益的优势地位。在更大的架构下，无论是司法还是立法都没有、也无法孤立于特殊利益的分配；司法的过程与法令的通过可以因触犯强权阶层利益而遭到有力反对甚至宣布无效；这种情况尤其经常发生于那些已经庄重地写入各种环保法令中的决定上。例如，就环境污染的标准来说，公布这些标准是一回事，而执行它们则完全是另一回事。如果这种一般情况对自然物法律身份的实施造成了难以克服的阻碍，人们就必须找到其他更为适宜的方针来应用开明自利的原则。

在某些涉及保存荒野状况与野生动物的社会计划中，我们当前的关心已经超越了目光短浅的急功近利。在某些情况下，出于其他生命形式本身的利益，公众已经在支持推翻经济考量而实施对这些生命形式的持续保护。存在着一种起作用的过程，它让人们得以战胜那种把人类以外的自然仅仅看成满足人类需要手段的导向。与此同时，人们开始以与前不同的方式定义自己、自己的需要和人与人之间的关系。这可能是在我们放弃高强度市场架构的过程中出现的积极替代方式；而在高强度市场架构下，一切经历都会在商品的范围内受到过滤。劳伦斯·特赖布（Laurence Tribe）建议我们想象一项修建水坝的小组辩论，辩论参加者希望在改造他们的环境与因此受到影响的区域内的野生动物群的利益之间取得平衡。"在选择是否建造或建造什么的过程中，该小组取得的成果并不止于确定了对其成员的出资与罚款方案；这一辩论也不可逆转地改变了他们的经历（因此发展了他们的偏爱和觉悟），并或多或少定义了社区与自然秩序之间的关系，以及它作为人类社会的特点。"[22] 但这一辩论的结果远没有这一辩论得以进行这一事实更为重要。因为在我们的社会活动中，我们能够选择如何培植我们与人类以外的自然之间关系的方式，将把我们带到甚至超越于开明自利主义边界的地方。

10. 其他满足

我在本书中探讨的人类需要的观点，在普遍的意义上与当代工业化社会的高强度市场架构这一特定社会状况直接相关，而又特别地与它最新发展的代表形式直接相关。为努力发现这一特定状况隐藏的动力，人们在人类学、历史学、生态学和其他学科方面进行了思考。只有当工业世界的领导阶层克制他们自己的选择时这一观点才与当代其他体系直接相关。尽管市场架构内不同发展水平之间存在着明显差别，这些差别存在于许多工业化国家之内，存在于各种国家资本主义和国家社会主义的变种形式中间，但为清晰起见，我忽略了这些差别以简化分析。

另一项简化涉及我在思考这一架构下产生的物质需求对环境所产生冲击的总体数据的使用。本书有意简略了物质利益分配上持续存在的根本性不公平以及与此相关的社会不平等。许多作者的作品中已经大量记录了这些不平等。尽管有以上简化，我仍然认为我的方法会很有用处。因为，决定这一体系中人类需要对环境冲击的，是当前或规划中的总需求，而不是利益的不均衡分配。无论当前流行的不公平程度能否减少，一系列潜在的危机正蠢蠢欲动，似乎就要成为现实。在这种条件下，最重要的是，在过去几十年中人们对市场这一架构的理想的反对（与相对不公平不同）并没有逐渐增加。当然，人们必须挑战不公平；但与此同样紧迫的是，必须挑战那些把所有满足的期望导向商品领域的理想。

一些最富影响力的激进思想流派中包含着一些隐含的信息：在尝试解决任何人类与人类以外的自然之间关系固有问题之前，必先成功地达成人类社会成员间的社会平等。这一态度原则上正确与否当前尚无定论。社会各阶级之间固有的敌意和工业化国家的高消费生活方式中存在的结构性不公平是一整套更广泛的矛盾的组成部分，这一矛盾还包括另一个部分，即作为整体的社会与自然环境的相互关系。人类不同形式利益之间的敌意、社会与环境间的敌意，这两大维度在一个矛盾整体内彻底交织在一起。正如我已经说过的那样，例如政府、公司和一些工会等机构已经为应对某些地区或某些产业的经济困难而要求放宽对环境污染的限制。在这种情况下，这三者之间不同的利益让经济体系继续在当前轨道上运行。[23] 除了极少数例外，最有影响的社会利益集团支持物质生产领域必须持续增长这一教条。

仅仅反对这一教条，一切努力显然都将毫无意义而且会自我挫败。在没有对满足方式进行任何重组的情况下如果单单是生产领域停止了增长，则最可能发生的结果是：一切现有的不公正与挫折将保持原状，甚至会更加恶化。很难想象一个更为开明的社会实践会在这种条件下产生。物质生产的稳定或者下降不是目的，也不会保证更好的社会一定来临。我们的核心工作是要解放满足需要的过程，使之脱离完全受市场诱导的倾向。在工业化国家中，市场变革的第一要务是开始重新诠释需要与满足，无论现在的经济能否维持增长或者最终在一段时间内持续下跌。

我已经在本书的不同地方提及，倾向于将所有需要导向商品领域的社会实践既可以出现在先进的资本主义社会中，也同样可以出现在打着社会主义旗号的工业化社会中。当在本书的剩余部分以抽象概念讨论需要问题时，我们可以在不同形式的高强度市场架构下发现类似的力量在起作用。然而，在社会政策更为普通的层次上，它们之间的类似之处不如其差别那么明显，只有在全球环境退化（诸如大气与海洋受到的污染）方面是个例外；在这方面，无论何种经济体系，无论工业化发展达到了何种水平，任何社会实践都影响了许多生命形式的共同利益。人们将不再会因为实现了十九世纪的乌托邦理想（即全球范围内和平、合作的社区联盟）而欢欣——如果这些社区的栖居地虽然曾经资源丰富，但那时却是一个历经劫难、满目疮痍的星球。

就社会政策而言，人们必须全面考虑不同社会制度下变革的各种选项以及不同的制度制约，这些制度中有西欧、日本、北美等国的情况，在那里，正式的政治民主与跨国公司的经济王国共存；与此对应的是另一种社会制度，如在东欧等国所实行的。这里强调指出的易于生存社会的社会变革可能性，与今天更为富裕的资本主义社会相关。我不知道本书论证的脉络是否与工业化的社会主义国家或者中国等其他地方的实际社会情形相吻合。但这确实与那些（特别是在资本主义集团中更为富裕的代表性国家）已经具有一定的物质生产水平，足以让它们开始把很大一部分生产资源转而用于其他目的（即用于鼓励满足的替代性途径）的国家的情势吻合。这些国家中现有的物质生产能力可以为它们提供比其他国家广泛得多的选择范围。至于那些更为富裕的工业化国家可以选择的范围，我认为我们可以从接受一种新的导向开始，这一导向考虑到我们的需要的社会与环境两个方面。

我希望强调这一点：以上所说的只不过是可能性而已。我们社会的制度安排是否可以通过相对和平的转变阶段按照这一计划的要求进行调整，是一个尚待回答的问题。大部分人是否欢迎按照这一计划重新构建满足方式的机会？对这一点也没有任何保证，因为它确实与现行的满足方式有着根本性的区别。而我们要在此讨论的，是我们的行为，我们的制度和我们的科技，是否具有导向一种新的社会实践的愿望与能力。这种新的社会实践会通过截断工业生产的盘旋向上、减少对资源和能源毫无意义的掠夺（这种掠夺会助长需要和商品的模糊二重性）而找到满足的来源。

有人或许会认为这种调整超越了我们的能力；这是对我们可能造就的主流体系最让人沮丧的断言之一。这与我们的一些最为珍视的信念相矛盾，这些信念认为，在持续的科技进步基础上建立的社会应该优于过去的社会。存在着一系列支持这种社会的说法；其中的第一个就是：这个以现代科技为基础的社会为许多不同的可能性敞开了大门，这些可能性的范围远比迄今人们能够想象的要广阔得多。[24] 但在这一系列可能性中，是不是也包括把我们自己从对无限制的经济增长的依赖上解放出来呢？由于在经济和政治的实际领域中还从未有人提出过这一问题，因此现在谁也没有资格做出回答。我们对于无休止地扩大的生产存在着依赖，为澄清这一依赖的本质所做的准备性工作尚未完成。我在本书中试图将这种依赖性理解为社会体系的一种功能，它往往从根本上限制了可能性的范围，除了消费这种满足方式之外，不允许任何其他方式存在。正是由于满足的可能方式受到了如此严酷的限制，才导致那种受到青睐的活动的范围像癌细胞那样无限制地疯长。

将来，对这一社会制度的关键性测试就在于它是否能够获取公众的支持，抑制这一癌症的生长，并打开替代性可能的大门。

根据扩大的市场架构对社会与个人的有害后果而对它进行的批判起源于马克思、凡勃伦和涂尔干等社会思想家的经典著作。自他们的时代以来，这一扩大的市场架构随后转化为我所说的高强度市场架构，这一转化揭示了在它中间隐含着的人与自然之间的关系。这是一种从开始就存在，但一直基本未被人认识到的关系，这种状况直到现在才有所转变。但通过我们现在拥有的有利之处，我们能够看到，我们的状况在社会与环境两个方面如此彻底地相互缠绕，以至于任何要把一方与另一方剥离的企图都注定会徒劳无功而且完全不合适。我们应该而且能够同时直面这两个方面，而不是先后进行处理。尝试着超越我们现存的导向，意味着鼓励我们改变自己对满足和欢愉的感觉，同时也意味着鼓励我们尊重人类以外的自然的"独立性"。[25]

尊重人类以外的自然的独立性就是不仅把自然视为人类满足的来源，而且把它当成具有自己意志的实体，这完全没有任何特定的神秘之处。我们只需要在改造与占有自然以便为我们所用时以持续的努力来思考我们的目标的性质，这就是我们的观点的重新导向的开始。当我们以攫取资源为唯一目标来组织我们与自然环境之间的关系时，我们不但要考虑那些我们可以拥有的体验的质量，同样应该更仔细地考虑那些我们自己已经远离了的体验的质量。[26] 根据前面述及的"需要的消极理论"，这是一个"消极"的观念。尊重人类以外的自然的独立性就意味着，我们与自然之间的关系具有一整套可能的体验范围，我们将不会硬性将这一范围缩减为一个单一模式。

与人们更为熟悉的说法"征服自然"一样,"尊重自然"也是一种比喻的表达方式。我们不应该硬性为它规定过分准确的含义。但如果以比喻的方式加以解释,它可以为我们提供有用的图景,告诉我们应该如何为我们的行动和态度重新制定方向。我愿意首先在此提议不必对这一表达方式做过多解释,然后大致描述一下我心目中的一个可以接受的图景。

"大自然不言而教":这一亘古流传的箴言差不多是传统的常识思想的一个最好的总结。以这一形式出现的对自然的尊重意味着对疾病一类所谓"自然"过程完全不必进行解释,或者仅仅使用"自然"物质,而不使用工业合成的化学剂。这种态度有两个基本错误。首先,人类社会组织的存在本身代表着对自然过程(这些自然过程造成了所有其他造物的生命周期)的一种基本"干预"。通过世代相传,人类文化传播了一套远比任何其他社会动物更为丰富精密的经过归纳总结的行为模式,这些模式调节着它们对环境条件波动的应对方式。因此,即使在原始社会,人类的人口数量与健康状况的涨落也无法与(例如其他动物的)捕食者—被捕食者之间的周期相比。如果粗略地说,这就是:我们从来就没有服从过自然,我们服从的只是我们自己对自然的观念。

第二,对自然物质而不是工业生产的物质的天真偏爱通常存在于一些"健康食品"爱好者中间,这种偏爱建立在一种不完全的化学知识的基础上。包括使用植物材料的传统的前工业时代的科技也是建立在通过摸索试验法的实验学得的化学与生物学反应知识的基础上,尽管不是建立在实验室分析的基础上;它们中有些确实合适而且有益,有些具有说不上好坏的后果,而据我们所知,有些则是全然有害的。与此类似,我们的工业技术生产也包括从有益到有害的一系列产品。重要的是，人们无法只通过自然对非自然或人工制造这样的范畴来区分这两类效果。必须有更精确的识别方法。例如，至少出于两种不同原因，可以说人们更喜欢植物染料而不喜欢苯胺染料合情合理：首先，根据一些人的品味，植物染料的颜色更讨人喜欢；其次，按照它们对于环境的副作用来说，生产与消费植物要比生产与消费苯胺良性得多。人们也可以合情合理地更喜欢按照传统方法喂养的牲畜的肉类，而不喜欢从出生之日起就在拥挤不堪的圈笼或喂食槽里被填以激素与镇静剂养大的牲畜的肉类；或者更喜欢在简陋的后院里栽种的西红柿的味道，而不喜欢它们近来的竞争者，那些由基因工程设计生产的水果，它们的形状和外皮的厚度适于用机器采摘。但同时，人们也可以赞赏那些对于环境卫生、舒适与方便所做的相当合乎情理的改进，而这些则是由工业技术造就的——为我们的福祉做出了贡献。

根据一种非常真实的情况来说，我们工业技术中的化学魔术已经脱离了控制。它用数不清的琐碎小奇迹诱惑我们；它降低了我们喜好的事物的质量，例如打着食品的旗号，给我们拿来的却是稀奇古怪的实验室调制品；它对二噁英一类有毒物品的漫不经心令人震惊，就是这种东西倾泻在意大利的塞维索镇上；它对所有那些表面看上去精巧的科技到底可能会有什么长期的复合作用一无所知。作为心甘情愿地享用这么多垃圾商品的消费者，我们是对利润不负责任追求的合作者，尽管我们必须说，大部分人显然对他们承担的风险毫不知情。只要我们心甘情愿地不做仔细检查就购买出现在货架上的任何商品，少数人控制市场的市场竞争结构就会要求所有生产者参与这场向我们提供化学盛宴的浩大行动。

可能有的风险范围不明。我认为,通过以下方法来缩小这一范围是谨慎的:控制我们的工业技术、逐步禁止一切非必要的化学品应用,要求在批准普遍使用任何化学品之前对其远期环境影响进行严格得多的实验室测定。显然,认为消费者使用的商品是必要的或者非必要的,取决于某种判断。一种更为谨慎的行动方式依赖于让市民更加支持开明的公共政策。更好地控制我们的科技的建议并没有强烈到呼吁人们完全拒绝科技的程度,而且这种建议目前也不大可能在竞争公众关注方面做得很成功。或许只有一连串塞维索事件式的环境危机才足以真正说明问题的本质,这种猜度实在令人齿冷。

尊重自然的基础不应该建立在对以科学为基础的技术的全盘否定和认为追随事件的自然发展进程就是我们行为的最佳指南这种不合理信念的基础上。我认为,同样不合理的是期待我们的科技能够以足够的程度驾驭自然过程,从而最终可以达到让我们随心所欲地从事任何自己想象得到的事业的程度。是否有任何中间道路可走呢?我认为是有的。我们的科学文化能够容纳尊重自然的理性观念,而后者又能够帮助以工业技术为基础的更大规模的文化改变它在实际事务中的进程。

现代科学能比任何其他自然哲学都更好地让我们理解自然过程是如何发生的。尽管我们不应该认为,在所有有关自然对于我们意味着什么的解释中,现代科学是唯一有效的一种;但它将是,而且应该是从现在起我们与人类以外的自然之间关系的一个重要方式。对于我们的物质环境和在这一环境内生活的物种的生物与化学的宏大复杂性,我们现在的认识与过去相比要清楚得多了。我们可以充分利用这一知识;但我们不需要假定我们能够或者应该完全"控制"那些复杂的相互作用。我们或许可以从我们的科学知识的基础上得出结论：为了短期利益而试图越来越大规模地操纵生态相互作用会牵涉到太多的风险。我们的社会制度易于感受相互冲突的利益和暴力冲突的爆发，而且它们又难以消化公共决策过程中的复杂信息来源，所以这些制度受到了实在的限制。这些限制决定了科学知识在社会、经济与政治抉择中的实际影响。如果我们提高了我们试图操纵生态相互作用的水平，我们就大规模地增加了必须加以控制的变量的数目，同样也会增加可能出现的或许是消极的外部效应的数量。在任何时候，我们可能会有，但也可能不会有足够的理论模型来控制这些变量；但即使我们有足够的理论模型，我们的社会制度也总是会存在超过其实际能力的"过载"的危险。

当科学知识能够成功地、更为广泛地把握自然的复杂性时，它或许能够帮助我们意识到，操纵大规模生态相互作用实际上是不可能的。如果我们的科学知识确实有了这种把握，而且我们也接受了我们自身的局限，它就将成为我所说的尊重自然这一理性观念的一个例子。这并不意味着我们对科学技术这种能够进行操作的"力量"持否定态度；但这意味着，尽管我们完全清楚，我们确实拥有必要的手段，但我们还是认识到了我们的自然和我们的社会制度的局限性，并选择不去做这种事情。

我们是在地球上处于支配地位的物种；我们所珍惜的这一地位将几乎不会受到损害。我们仍然会用我们的定居点覆盖整个地球，将继续改变或摧毁其他物种的栖息地，以及一些物种本身。我们将把对自然的尊重——即放弃大规模操纵环境——作为保护我们自己长远福祉的最谨慎方式的第一步。这也会通过减轻我们对其他生命体施加的直接与间接的压力而为它们带来相当可观的"意外之喜"。在开始阶段,这只不过是为追求我们自己的更为开明的利益而在不经意间造成的结果;但假以时日,我们就会发现,把自己看作生命群落中的一个成员而不是被征服的王国中无可争辩的霸主,会让我们感到一种比我们能在现在的活动中感到的更为美好的满足与愉悦。

基督教传统中存在着一种古老的思想,即人是自然的"管家"。这一思想在世俗中的对应版本中应当是对尊重自然这一理性观念的合适表达。我们已经改变了这个星球上的大部分生物栖息地,而且我们正在完成这一过程的征途上大踏步前进;我们有能力通过捕猎、改变栖息地或基因操纵来控制或摧毁许多甚至任何其他物种。因此,可以非常实在地说,我们要对所有生命形式的命运"负责"。对某些人来说,在动物园里保留几种可以吸引我们的物种样品,并让其他的成员自生自灭,这就足够了。这是对管家地位相当有限的理解。对此,一个更有涵养的理解应该是:尽可能地保留地球上依旧存在的生物栖息地,并对那些经济利益因此受损的国家与族群给以合理的补偿。

出于对我们操纵环境的能力的自愿限制,尊重自然具有另一个方面:尊重我们与自然的关系上所有可能的人类体验。在我们的文化中,追求在实际运作上控制自然的越来越大的优势限制了我们体验质能转换的限度,而质能转换是控制自然过程的"定律"之一。但人类这一物种的数量和物质要求却以同样甚至更快的速率增加,因此总是使争夺统治权的殊死斗争重新开始。任何程度的运行控制都无法解决这一两难处境;只有重新安排社会关系才能让人们升起解决问题的某种希望。工业化国家迄今应该已经积累了足够的证据，让它们能够认识到，生产每提高一个档位，政治经济便会创造出新的物质要求；持续上升的需求加强了对进一步发展操纵技术的追求。其他可能的维度受到了这种自我毁灭式的进取心的压制。如果能够认识到抑制我们的操纵能力的必要性，就会为我们更完美、更平衡的自然体验敞开道路，这种体验符合自然的美感或美学品质。

尊重自然真正意味着尊重我们自己的本性，同时也尊重我们本性的局限性。坦白地说，即使我们希望这样做，但要让我们的社会体系有效地管理大规模生态操纵的全部后果也是不可能的。我们必须承认这些局限并努力习惯这些局限。

诚然，这是一个含糊的构想。但就像我们无法为满足的替代性方式给出详尽的计划一样，我们也无法为这样的构想勾画出一个积极的计划的大致轮廓。本书的主要目的，是要更清楚地在我们满怀信心地一直穿越的地带标明危险点。我曾提出，当前关于我们的需要，以及需要与特定形式的满足之间的关系的主流理解，阻碍了我们对这些危险的认识。我没有假定给出解决方法，而仅仅给出基于检查的预测。

一个作者的诊断是否准确，应该由通过这一诊断得益的人做出回答。如果在尚未得到确认的情况下作者就声称他已经给出了处方，这位作者的做法并不聪明。阿格妮丝·赫勒（Agnes Heller）曾经评论道："有关自由市场系统的理论也走进了自由市场：人们按照自己的需要接受之或放弃之，使用之或漠视之。"[27] 一如当前的医疗实践，在思想市场上得到处方不难。读者预期，在预测之后将是治愈，许多人情愿拿点安慰药也不愿意空手而归。大部分讲评现代社会弊病的人总是乐于助人地提供某种医疗方案。[28] 富于想象力的作者有时用来自遥远文化的他乡材料（比如古代佛教或美洲部落土人的信仰）合成一种治疗方案，而享用这些疗法的读者用不着去感受对他现有生存方式的任何威胁。

让社会变革脱离高强度市场架构意味着，人们普遍愿意以今天人们认为无法进行或者并无益处的方式来审视人类的满足问题。这在开始阶段仅仅意味着我们对我们的需要越来越感到困惑已有认识；并认识到，在市场这一架构下，我们往往倾向于把人类以外的自然当作达成我们目的的手段。如果任何处方认为，它能够如同想象中那样，把我们完全引至超越了我们能够认识到的开明自利的地方，而且在看待人类以外的自然时不仅将其视为手段，也认为它有着自身的意志，那么这种处方只能是幻想。在这方面的最初行动不会很有戏剧性，它或许只不过是一次对于保护濒危物种的认真的公开承诺，或者是指定一处对于人类使用有着严格限制的野生动物保护区，或者是制订标准大大降低有毒废品可以排入环境的种类与数量。

我们也可以像约翰·斯图加特·密尔很久以前就做过的那样，逐渐认识并接受增长的限制。但我们只能通过认识满足的限度才能做到这一点，而这些局限是我们为自己制定的，其手段是为了限制我们过分苛刻地追求福祉。把我们所有的希望寄托在寻找资源上面，而这些资源只是为了继续为我们的工业技术输氧打气，这种做法毫无意义并且会自我挫败。的确，这种做法带有巨大社会困扰的一切特征，这种困扰的破坏性必将随着需要与商品之间越来越广泛的相互作用而继续恶化。

我们创造的繁荣具有欺骗性，我们无法从这种繁荣中体会到我们对于自己所处社会形式的不满已达到了何种地步；我们正是通过这些社会形式来生产与消费繁荣的产物。为了实现个人自我实现的庞大潜能,我们必须改变那些已经在我们周围并存在于世的社会形式。我们可能从不同形式的生产活动和不同形式的人与人类以外的自然之间的关系中得到满足,而这些可能性现在正受到深深的压制。但它们可以比任何新的商品种类更能够帮助实现我们的需要。在将我们导向那些受到压制的可能性的过程中,我们能够发现一些丰富的满足源泉,在漫长的岁月里,它们一直在那里等待我们的来临。

注 释

Full bibliographical information for publications cited here will be found in the list of works cited (pp. 143-51).

导论

1 Sources for the statistics given in the preface are as follows: per capita U.S. consumption of materials and projections for the year 2000, *Material Needs and the Environment* figures 2.3, 2.6, 2.13, 2.22; share of world consumption of resources by the developed nations, ibid p. 9-5; U.S. Bureau of Labor Statistics report cited in Parker *The Myth of the Middle Class* 15; report by the International Economic Policy Association, a research group sponsored by U.S. business firms, cited in the *Globe and Mail* (Toronto), 22 July 1974.

2 Manning Nash 'The Organization of Economic Life' in Dalton, ed *Tribal and Peasant Economics* 9; Herskovits *Economic Anthropology* 58

3 For a recent report on the index, which was developed by the University of Michigan's Survey Research Center, see Mandell et al *Surveys of Consumers, 1971-72.*

4 An exponential use index for nineteen non-renewable resources, calculating potentially available resources at five times the currently known reserves, ranges between 29 years' supply of gold and 173 years' supply of iron, with the median around 60: Meadows et al *The Limits to Growth* table 4. (For a criticism see R.W. Page's article in H.S.D. Cole et al *Thinking About the Future.*) A recent study sponsored by the U.S. National Academy of Sciences, *Mineral Resources and the Environment*, predicts the coming of serious shortages within a few years if conservation policies are not adopted (*New York Times* 12 February 1975).

5 Landsberg et al *Resources in America's Future* 427 ff

6 *Material Needs and the Environment* table 9.1 and p. 9-5; Parker *The Myth of the Middle Class* 212
7 André Gorz *Socialism and Revolution* 198; italics in original
8 Mill *Principles of Political Economy* book 4: chapter 6, Marx *Capital* 1: chapter 1, Veblen *The Theory of the Leisure Class*, Durkheim *Suicide* 246-58, Lukács *History and Class Consciousness* (essay on reification), Tawney *The Acquisitive Society*; among more recent writers: Polanyi *The Great Transformation*, Fromm *The Sane Society*, Galbraith *The Affluent Society*, Macpherson *The Political Theory of Possessive Individualism*, Horkheimer and Adorno *Dialectic of Enlightenment* ('The Culture Industry'), Marcuse *An Essay on Liberation*, Baran and Sweezy *Monopoly Capital*, Linder *The Harried Leisure Class*, Illich *Tools for Conviviality*, Henry *Culture against Man*, Slater *The Pursuit of Loneliness*, Weisskopf *Alienation and Economics*.

In recent European social thought some important contributions are: Debord *Society of the Spectacle*, Baudrillard *La Société de consommation* and other books. Giradin 'Toward a Politics of Signs: Reading Baudrillard' is a brief introduction to the latter. Also: Haug *Kritik der Warenästhetik*, Menge *Der Verkaufte Käufer: Die Manipulation der Konsumgesellschaft*, Schneider 'Neurosis and Class Struggle: Toward a Pathology of Capitalist Commodity Society.'
9 For example, Mishan *The Costs of Economic Growth*, Schumacher *Small is Beautiful*, Goulet *The Cruel Choice*, Heilbroner *An Inquiry into the Human Prospect*, Meadows et al *The Limits to Growth*, Dator 'Neither There nor Then'; for background reading see two collections: Thomas, ed *Man's Role in Changing the Face of the Earth* and Farvar and Milton, eds *The Careless Technology*.
10 For example, Commoner *The Closing Circle*, Ehrlich and Ehrlich *Population, Resources, Environment*, Falk *This Endangered Planet*, Passmore *Man's Responsibility for Nature*, essays by Kenneth Boulding, Rodman 'The Ecology of Openness,' Dubos *So Human an Animal*, Eiseley *The Invisible Pyramid*, Livingston *One Cosmic Instant*, Shepard *The Tender Carnivore*

第一部分　检查

1 Twedt 'Consumer Psychology' 280. For a description of other techniques for measuring responses to product messages (such as pupil dilation) see Perloff 'Consumer Analysis' 445-6, 455.
2 Twedt 265. A useful collection of articles is Gaedecke and Etcheson *Consumerism*. A recent radical perspective will be found in Fritsch *The Contrasumers*.
3 Katona 'What is Consumer Psychology?' 226

137
4 See Scherf 'Consumer Education as a Means of Alleviating Dissatisfaction' for a discussion of the problem of satisfaction in consumer behaviour.
5 *Montreal Gazette* 31 December 1973
6 Recently the U.S. Office of Education completed a four-year study of literacy in the adult population of the United States, including a special section on consumer economics. The study found that 30% were functionally illiterate in tests involving the understanding of newspaper advertisements and an additional 33% were functional but not proficient in such tests (reported in the *Globe and Mail*, 30 October 1975).
7 Hettich 'Consumption Benefits from Education' 197. For an excellent discussion of the problem of knowledge about commodities see Scitovsky *Papers on Welfare and Growth* 193ff.
8 A biochemist estimates that Canadians ingest about 2,500 commercially produced chemicals each day and remarks that no research has been done on the combined effects of them. There are an estimated 500,000 chemical formulations available in over-the-counter drugs (*Globe and Mail* 16 October 1975).
9 Zwerdling 'Death for Dinner' (hyperactivity, nutrition), *New York Times* 16 July 1974 (carcinogens), *Globe and Mail* 11 July 1974 (cosmetics). Another dimension of this problem is exposure to chemicals in the workplace: Stellman and Daum *Work is Dangerous to your Health* 155. There are 600,000 chemicals used in industry, and several thousand new ones are introduced every year (*Globe and Mail* 13 February 1975).
10 Silverman and Lee *Pills, Profits and Politics*
11 Twedt 'Consumer Psychology' 272, 278-9, 281
12 Linder *The Harried Leisure Class* chapter 2, de Grazia *Of Time, Work, and Leisure*
13 Linder 96; the preceding quotation is from pp. 91-2. A recent critical note by Albert Hirschman, 'An Alternative Explanation of Contemporary Harriedness,' argues that the high-intensity consumption society is a 'passing phase.'
14 The study (by Professor Jaro Mayda) is cited in Falk *This Endangered Planet* 200.
15 Some authors have argued that there is a structural tendency toward a deterioration in the quality of goods in a market economy. For two different versions of this argument see Hollis and Nell *Rational Economic Man* 218 and Hirschman *Exit, Voice, and Loyalty* 47-54.
16 Krieger 'What's Wrong With Plastic Trees?' 451, 453
17 Lipsey et al *Economics* 5. An excellent critical article on this subject is Saul Engelbourg's 'Insatiability, a Problem for Utopia?' Economists distinguish between 'wants in general' and particular wants and assume that only the

注 釈 161

former are insatiable. Also, within a specific period of time a want for anything is regarded as being satiable. For recent work utilizing a general satiability assumption see Barnett 'The Effects of Consumer Bliss on Welfare Economics.'
18 Katona et al *Aspirations and Affluence* 171. The research reported in this volume shows some significant cross-cultural differences, regarding the consumer's attitude toward what may be expected from the marketplace, in the United States, Great Britain, France, Holland, and the Federal Republic of Germany.
19 In this discussion of obesity I am relying on an unpublished paper by Lorne Elkin, 'Commodity Consumption and Human Need' (1970). Of course norms for obesity vary widely among different cultures.
20 Katona *Aspirations and Affluence* 13
21 Miller *Economics Today* 38. In an age of lengthy and enforced universal schooling, textbooks provide an indispensable key for understanding the prevailing social consciousness. A more adequate statement of the problem of scarcity is given by Heilbroner *The Making of Economic Society* 17. Since I am dealing only with the 'common-sense' understanding of scarcity, I am ignoring the more technical aspects of this subject, such as Menger's distinction between scarcity and insufficiency. Since most resources have alternative uses (i.e., they can be used to accomplish different goals), one always needs criteria for distributing them sensibly for the attainment of an entire set of goals.
22 Sahlins *Stone Age Economics* 4. Cf Stanley 'Nature, Culture, and Scarcity.' Sahlins' essay is in part a polemical contribution to the ongoing debate concerning formalism vs. substantivism in economic anthropology. The concepts of insatiability, scarcity, and economic surplus have been drawn into this debate. See Dalton *Economic Anthropology and Development* 47-8, 202-16, and the references cited there.
23 The phrase *psychology of scarcity* is used by Etzioni (*The Active Society* 618).
24 In New York City in 1906 'horsedrawn traffic averaged 11.5 mph in the city center; by 1966 it was crawling at 8.5 mph, drawn by the world's most powerful mass-produced engines' (Rivers *The Restless Generation* 73).
25 Data on estimated 1970 and projected 2000 amounts will be found in Brubaker *To Live on Earth* table 3.
26 Kneese et al *Economics and the Environment* 7. Cf. Victor *Pollution: Economy and Environment* 18-19.
27 Mishan *Making the World Safe* 17
28 *Globe and Mail* 10 January 1975

138

139   29 See, for example, Harris *Culture, Man, and Nature passim* and Vayda, ed *Environment and Cultural Behavior*.
30 I have undertaken a critical study of this notion in a previous book, *The Domination of Nature*.
31 See Passmore *Man's Responsibility for Nature* chapters 1 and 2.
32 *Works* 4:115. See further Leiss *The Domination of Nature* 48-57, 190-8.
33 Bacon's phrase is in *Works* 3: 302.
34 See *The Philosophy of Francis Bacon* 62.
35 Macpherson *Democratic Theory* 17-23, 29-36, and *passim*
36 *Grundrisse* 410
37 A discussion of this point will be found in Leiss *The Domination of Nature* 178-90.
38 *The Philosophy of Francis Bacon* 92-3
39 *Memories and Studies* 291. John Rodman cites Descartes' remark that the concept of animals as automata enabled man to kill animals without a sense of guilt ('The Dolphin Papers' 24).
40 'What's Wrong with Plastic Trees?' 451, 453
41 'Ways Not to Think about Plastic Trees' 1347

第二部分　诊断

1 *Principles of Economics* 1: 92, footnote. For an account of subsequent discussions on the measurement of 'utility' see Kauder *A History of Marginal Utility Theory* 191 ff.
2 Bradburn and Caplovitz *Reports on Happiness* 56-7
3 Rescher *Welfare* 45
4 *Freedom and Culture* 72
5 'Culture as a Determinant of Behavior' 160
6 Etzioni recently revived the argument of basic human needs (*The Active Society* 622-6), but he did so for a specific purpose, namely 'to test empirically the key proposition that the flexibility of basic human needs is limited in that they can be more readily and fully satisfied in some societal structures than in others' (624). This is an important proposition, and his analysis of it is to some extent independent of his claim that a set of universal basic needs can be specified.
7 First enunciated in 'A Theory of Human Motivation' and elaborated in *Toward a Psychology of Being*. Much of the empirical research in recent social psychology has employed Maslow's influential scheme.
8 *The Sane Society* 20 (italics in original)
9 See Katona *The Mass Consumption Society* chapter 7 for a forceful presenta-

tion of the behaviourist viewpoint. In *The Affluent Society* and other books Galbraith has developed the notion of artificially created wants.
10 *An Essay on Liberation* chapter 1
11 In addition to the literature already cited, see especially Bay 'Needs, Wants, and Political Legitimacy' and Braybrooke 'Let Needs Diminish that Preferences May Prosper.' In this context it is interesting to compare the older theories of the hierarchy of wants in economic thought with the more recent psychological literature on the hierarchy of needs. For the former see Bowley *Studies in the History of Economic Theory before 1870* 73-80 and Georgescu-Roegen *Analytical Economics* 190-8; and Parsons *The Structure of Social Action* chapter 4.

There is considerable discussion of the nature of wants in recent philosophical literature. For example, W.D. Hudson (*Modern Moral Philosophy* 317) argues the wants-needs distinction by saying that 'anything can (logically) be wanted for its own sake; but nothing can (logically) be needed for its own sake.' However, I am not persuaded that this kind of formal distinction can help to resolve the practical social problems that have been outlined in this essay.
12 Cf. Dumont *La dialectique de l'objet économique* 283: needs are 'the primary intentions around which symbolic structures are developed.'
13 See Sahlins *Stone Age Economics* chapters 2 and 3 for an extensive analysis of the domestic mode of production.
14 *Capital* 1: 72
15 The concept of homeostasis is used in biology with reference to both the activity of individual organisms and the relation of a species to the environment. I am extending the concept by analogy to the planetary biosphere in its relation to the larger 'environment' of outer space. It should be noted that this is a biological or ecological concept and that it cannot be applied to sociocultural formations.
16 Smith *An Inquiry into ... the Wealth of Nations* 13. This anthropocentric conceit has been overcome only recently.
17 Sahlins *Stone Age Economics* 302
18 Godelier *Rationality and Irrationality in Economics* 297 (citing Bohannan's research)
19 *The Psychology of Economics* 20
20 See especially *Contribution to the Critique of Political Economy* chapter 1 and *Grundrisse* 88-100.
21 *Grundrisse* 156-8; italics in original. See generally Polanyi *The Great Transformation*.
22 *Ibid* 496

23 *Ibid* 514-15. See further my article 'Critical Theory and its Future' 343-6.
24 *Grundrisse* 157: In production for exchange 'all individuality and peculiarity are negated and extinguished. This indeed is a condition very different from that in which the individual or the individual member of a family or clan (later, community) directly and naturally reproduces himself ... ' Cf. Moore 'The Metaphysical Argument in Marx's Labour Theory of Value' and 'Marx and the State of Nature.'
25 *Capital* 1: 43, 36, 35 respectively. Of course Marx was not unaware of the dimension of symbolic mediations: 'Firstly, the object is not an object in general, but a specific object which must be consumed in a specific manner, to be mediated in turn by production itself. Hunger is hunger, but the hunger gratified by cooked meat eaten with a knife and fork is a different hunger from that which bolts down raw meat with the aid of hand, nail, and tooth' (*Grundrisse* 92). In this section Marx's main concern was to show the predominance of the form of production over that of consumption, however, and he did not analyze further the symbolic correlates of needs.
26 *Grundrisse* 694
27 *The Theory of Political Economy* 105; italics in original. See Kauder *A History of Marginal Utility Theory*, especially chapter 11. Most recent economics textbooks do not bother to define utility at all, restricting their discussion to an explanation of the principle of marginal utility. Samuelson identifies (in passing) utility and 'psychological' utility. Miller (*Economics Today* 407) says: 'Utility: a general term applied to the satisfaction people subjectively obtain from consuming a product or service.' In the remarks in the text I have ignored the shift from cardinal to ordinal utility in economic theory. See generally Schumpeter *History of Economic Analysis* 1053-66.
28 This non-normative or behaviourist orientation results in a conception of 'neutral' or 'formal' utility, which apparently made the marginal utility theorists uneasy even as they adopted it: ' ... neutral utility has not solved but rather only shelved a question whose answer is important for limiting the field in which marginal calculations are valid. It seems unlikely that the situation can be clarified without studying the relevant parts of psychology. The role of psychology for our whole field can be easily underrated, and the discussion of the law of diminishing utility would have been barren without the advice of the psychologists' (Kauder 134). One further instance: 'The elements of scarcity and choice, which are the outstanding factors in human experience that give economic science its reason for being, rest psychologically on firm ground' (Herskovits *Economic Anthropology* 3). Some economists apparently cling to the pious hope that psychologists will bail them out of

their conceptual difficulties, thus remaining blissfully unaware that the latter in turn look to either sociology or physiology and chemistry for the same kind of succour – a notorious vicious circle. Cf Hollis and Nell *Rational Economic Man* 138-9.
29 Lancaster *Consumer Demand: A New Approach* 116
30 Ibid 114. In an earlier formulation of his theory Lancaster wrote: 'The term "characteristics" was chosen for its normative neutrality; in my earliest draft of this idea I called them "satisfactions," but that has too many connotations' ('Change and Innovation in the Technology of Consumption' 14). Too many connotations indeed!
31 Lancaster 'Change and Innovation in the Technology of Consumption' 21
32 *Consumer Demand* 7
33 Wolin 'Looking for "Reality" ' 17
34 Becker 'A Theory of Marriage'
35 If one took at face value the account by Carlos Castenada of his apprenticeship with the Mexican 'sorcerer' Don Juan, one would conclude that the first (imaginary) situation involves much greater uncertainties than the second. Castenada experienced far more difficulties in entering Don Juan's 'world of objects' – that is, the sorcerer's interpretations of the significance of the local flora, fauna, and topography – than Don Juan did in making use of Castenada's contributions to their association (a sporadic supply of groceries and automobile journeys).
36 Ewen 'Advertising as Social Production: Selling the System.' Cf. Baudrillard *La Société de consommation* 127.
37 Marx has an interesting perspective on this matter. He maintained that one of the progressive traits of capitalism was to undermine 'all traditional, confined, complacent, encrusted satisfactions of present needs, and reproductions of old ways of life,' and he believed that the 'expansion of needs' is a positive aspect of human development (*Grundrisse* 410). The capitalist 'searches for means to spur them [the workers] on to consumption, to give his wares new charms, to inspire them with new needs by constant chatter etc. It is precisely this side of the relation of capital and labor which is an essentially civilizing moment, and on which the historic justification, but also the contemporary power of capital rests' (ibid 287). (Note especially the last phrase in this passage.) These comments are less well known than is his argument that consumption is a subordinate element in the overall social process and that production is the dominant element (ibid 90-4).

Even if one agrees with this last-mentioned argument, however, one must go beyond Marx's formulations. The growing separation of the two spheres in the everyday life-experiences of individuals, brought about by the enormous

143　expansion of the market economy since his time, creates a problematic situation in the sphere of consumption that is distinct from that in the sphere of production. For a different perspective on this point see the two excellent articles by Herbert Gintis, 'Consumer Behavior and the Concept of Sovereignty' and 'A Radical Analysis of Welfare Economics.'

38 According to the prevailing wisdom, it is rational for individuals to choose a small but certain gain at the risk of incurring a large, but highly uncertain, loss. We may have to revise our conception of rational behaviour in this regard with respect to the possibilities of serious environmental degradation.

第三部分　预测

1 Ehrlich et al *Human Ecology* 206
2 'The most serious population growth occurs among the affluent whites of the USA, and their analogues in Western Europe, the Soviet Union, and Japan. These people are the prime looters and polluters of our planet – the ones who are destroying our life-support systems' (Paul Ehrlich 'Letter to Walter Thompson' in the teachers' manual for *Population, Resources, Environment* 20).
3 Etzioni *The Active Society* 626; Marcuse *One-Dimensional Man* 6
4 *Principles of Political Economy* 2: 756
5 See especially Daly, ed *Toward a Steady-State Economy* and Heilbroner *An Inquiry into the Human Prospect* 82-95.
6 Mill's phrase *the stationary state* unfortunately has certain negative overtones – such as the image of frozen social patterns – which of course Mill himself did not wish to impart. More recent theoretical and practical explorations of alternative patterns have revived the image of a dynamic society motivated by the objectives of resource conservation and greater personal satisfaction in producing activity through institutional changes. These are in my view consistent with what Mill had in mind. In the rest of this section I will use *the conserver society*, which has more positive overtones, as a general designation for the objectives incorporated both in Mill's own notion and in the recent initiatives.
7 Caplovitz *The Poor Pay More* 12-13. See also Moscovici and Columelli 'Contributions à l'étude des aspirations économiques des travailleurs.'
8 Obviously a critical study would indicate the considerable differences in the perspectives of the thinkers mentioned above; here only some of the common features will be mentioned. Such a study would also have to detail the inadequacies in these perspectives and seek to reinterpret their ideals more concretely in the context of our present situation.

9 *Tools for Conviviality* 11, 58
10 Authors such as Mishan have stressed the hidden costs of the prevailing pattern of production. In part the existing pattern became viable only due to cheap energy (a fast-vanishing feature of our lives), for example in mechanized agriculture: see Pimentel et al 'Food Production and the Energy Crisis.'
11 Practical research on these alternatives is now being undertaken by individuals and small groups such as the 'New Alchemists' in Massachusetts and PEI. Some attention and support for these activities recently has been forthcoming from government and industry sources, but of course there remains the vast disproportion between social investment in these alternatives as compared to the massive technologies of the dominant ideal. See, for example, Dickson *Alternative Technology and the Politics of Technical Change.*
12 In this context energy demand refers to our reliance on *all* external sources of energy, including renewable sources such as solar and wind energy. The reasons for minimizing energy use involve both thermodynamic (environmental) and socio-political considerations. For a provocative discussion on this point, which proposes a research program on 'socially optimal energy quanta,' see Illich *Energy and Equity.*
13 See Carpentier 'Organisational Techniques and the Humanisation of Work' for one general account of this matter.
14 Mill *Principles of Political Economy* 2: 756
15 Another statement of this problem from a related perspective may be found in Moscovici *La Société contre nature* chapter 12.
16 *Science* 184 (10 May 1974): 646
17 In the development of the controversy over aerosol propellants and their impact on the atmospheric ozone, some scientists called for an immediate ban on the use of aerosol sprays. See the *New York Times* 26 September 1974, 1; 27 September, 82; 31 October, 29; and 21 November, 29, 46.
18 For a thorough discussion of the international problem see Falk *This Endangered Planet.* As far as the U.S. economy is concerned, a recent study for the Environmental Protection Agency concluded that the pollution controls presently written into U.S. law will have very little long-range impact on economic growth (*Globe and Mail* 11 February 1975).
19 *Should Trees have Standing? Toward Legal Rights for Natural Objects* 17. Only a few aspects of Stone's intriguing argument are presented in the text; the reader is urged to read it in its entirety before attempting to judge the merits of his case.
20 Ibid 48
21 Stone's proposal applies specifically to the U.S. political and legal system. In others (particularly in parliamentary systems) any implementation of the general tenor of his proposal would entail a somewhat different approach.

22 Tribe 'Technology Assessment and the Fourth Discontinuity' 656
23 In order to avoid misunderstanding, I must repeat that I am aware of the social injustices inherent in the present arrangements. I am assuming that these are well known; I also assume there would be general agreement on the point that the injustices will not be made to disappear merely by expanding the sphere of production. It is sometimes said that a concern for environmental degradation is an issue that reflects the interests of the affluent middle class. I regard this not only as a crude and short-sighted judgment, but also as an indication of simple ignorance, for so far those who always have been most directly and seriously affected by environmental degradation are the industrial production workers.
24 For a discussion of this point see my essay 'The False Imperatives of Technology.'
25 The most careful discussion of what is meant by an attempt to see 'beyond enlightened self-interest' in our relation to nature will be found in Marcuse's *Counterrevolution and Revolt* chapter 2.
26 A fine expression of these concerns is Loren Eiseley's *Invisible Pyramid.*
27 'Theory and Practice: Their Relation to Human Needs' 361
28 Examples are Roszak *Where the Wasteland Ends,* Shepard *The Tender Carnivore,* Ferkiss *The Future of Technological Civilization.*

参考文献

BACON, FRANCIS *The Philosophy of Francis Bacon* edited and translated by B. Farrington. Chicago, University of Chicago Press 1966
- *The Works of Francis Bacon* 7 volumes, edited by J. Spedding, R.L. Ellis, and D.D. Heath. London, Longman, Green 1857-74

BARAN, PAUL and PAUL M. SWEEZY *Monopoly Capital* New York, Monthly Review Press 1966

BARNETT, WILLIAM 'The Effects of Consumer Bliss on Welfare Economics' *Journal of Economic Issues* 7 (1973): 29-45

BAUDRILLARD, JEAN *The Mirror of Production* translated by Mark Poster. St Louis, Mo., Telos Press 1975
- *Pour une critique de l'économie politique du signe* Paris, Gallimard 1972
- *La Société de consommation* Paris, SGPP 1970
- *Le Système des objets* Paris, Gallimard 1968

BAY, CHRISTIAN 'Needs, Wants, and Political Legitimacy' *Canadian Journal of Political Science* 1 (1968): 241-60

BECKER, GARY 'A Theory of Marriage: Part I' *Journal of Political Economy* 81 (1973): 813-46

BERNARD-BÉCHARIES, J.F. *La Choix de consommation: Rationalité et réalité du comportement du consommateur* Paris, Éditions Eyrolles 1970

BOOKCHIN, MURRAY *Post-Scarcity Anarchism* Berkeley, Cal., Ramparts Press 1971

BOULDING, KENNETH *Beyond Economics: Essays on Society, Religion and Ethics* Ann Arbor, University of Michigan Press 1968

BOWLEY, MARIAN *Studies in the History of Economic Theory before 1870* London, Macmillan 1973

148 BRADBURN, NORMAN and DAVID CAPLOVITZ *Reports on Happiness* Chicago, Aldine 1965
BRAYBROOKE, DAVID 'Let Needs Diminish that Preferences May Prosper' in N. Rescher (ed) *Studies in Moral Philosophy* Oxford, Basil Blackwell 1968
BRUBAKER, STERLING *To Live on Earth: Man and his Environment in Perspective* Baltimore, Johns Hopkins University Press 1972
BRUNNER, JOHN *The Sheep Look Up* New York, Ballantine Books 1972
CAPLOVITZ, DAVID *The Poor Pay More* New York, The Free Press 1963
CARPENTIER, J. 'Organisational Techniques and the Humanisation of Work' *International Labour Review* 110, no. 2 (1974): 93-116
COLE, H.S.D. et al *Thinking about the Future* London, Chatto and Windus 1973
COMMONER, BARRY *The Closing Circle* New York, Bantam 1972
DALTON, GEORGE *Economic Anthropology and Development* New York, Basic Books 1971
- (ed) *Tribal and Peasant Economics* Garden City, NY, Natural History Press 1967
DALY, HERMAN (ed) *Toward a Steady-State Economy* San Francisco, W.H. Freeman 1973
DARLING, F. FRASER and JOHN P. MILTON (eds) *Future Environments of North America* Garden City, NY, Natural History Press 1966
DATOR, JIM 'Neither There nor Then: A Eutopian Alternative to the Development Model of Future Society' in *Human Futures* London, IPC Science and Technology Press Ltd 1974
DEBORD, GUY *Society of the Spectacle* Detroit, Black & Red 1970
DE GRAZIA, SEBASTIAN *Of Time, Work, and Leisure* New York, Doubleday 1964
DICKSON, DAVID *Alternative Technology and the Politics of Technical Change* London, Fontana 1974
DUBOS, RENÉ *So Human an Animal* New York, Scribner's 1968
DUMONT, FERNAND *La Dialectique de l'objet économique* Paris, Éditions Anthropos 1970
DURKHEIM, ÉMILE *Suicide* translated by J. Spaulding and G. Simpson. Glencoe, The Free Press 1951
EHRLICH, PAUL and ANNE EHRLICH *Population, Resources, Environment* 2nd edition. San Francisco, W.H. Freeman 1972
- ANNE EHRLICH and JOHN HOLDREN *Human Ecology* San

Francisco, W.H. Freeman 1973
EISELEY, LOREN *The Invisible Pyramid* New York, Scribner's 1970
ELKIN, LORNE 'Commodity Consumption and Human Need' unpublished paper, Department of Psychology, University of Regina 1970
ENGELBOURG, SAUL 'Insatiability, a Problem for Utopia?' *American Journal of Economic Studies* 22 (1963): 129-40
ETZIONI, AMITAI *The Active Society* New York, The Free Press 1968
EWEN, STUART 'Advertising as Social Production' in H. Reid (ed) *Up the Mainstream* New York, David McKay Co. 1974
FALK, RICHARD *This Endangered Planet: Prospects and Proposals for Human Survival* New York, Vintage Books 1972
FARVAR, M.T. and JOHN P. MILTON (eds) *The Careless Technology: Ecology and International Development* Garden City, NY, Natural History Press 1972
FERKISS, VICTOR *The Future of Technological Civilization* New York, Braziller 1974
FOURIER, CHARLES *Design for Utopia* New York, Schocken Books 1971
FRITSCH, ALBERT *The Contrasumers* New York, Praeger 1974
FROMM, ERICH *The Sane Society* New York, Rinehart 1962
GAEDECKE, R.M. and W.W. ETCHESON (eds) *Consumerism: Viewpoints from Business, Government, and the Public Interest* San Francisco, Canfield Press 1972
GALBRAITH, J.K. *The Affluent Society* Boston, Houghton Mifflin 1958
GEORGESCU-ROEGEN, NICHOLAS *Analytical Economics: Issues and Problems* Cambridge, Mass., Harvard University Press 1967
GINTIS, HERBERT 'Consumer Behavior and the Concept of Sovereignty: Explanations of Social Decay' *American Economic Review* 62 (1972): 267-78
- 'A Radical Analysis of Welfare Economics' *Quarterly Journal of Economics* 86 (1972): 572-99
GIRADIN, JEAN-CLAUDE 'Towards a Politics of Signs: Reading Baudrillard' *Telos* no. 20 (Summer 1974): 127-37
GODELIER, MAURICE *Rationality and Irrationality in Economics* translated by B. Pearce. London, New Left Books 1972
GOODMAN, PAUL and PERCIVAL GOODMAN *Communitas* New York, Vintage 1960
GORZ, ANDRÉ *Socialism and Revolution* translated by N. Denny.

150   New York, Doubleday 1973
GOULET, DENIS *The Cruel Choice: A New Concept in the Theory of Development* New York, Athenaeum 1971
HARRIS, MARVIN *Culture, Man, and Nature* New York, Crowell 1971
HAUG, W.F. *Kritik der Warenästhetik* Frankfurt, Suhrkamp 1971
HEILBRONER, ROBERT *An Inquiry into the Human Prospect* New York, Norton 1974
- *The Making of Economic Society* 4th edition. Englewood Cliffs, NJ, Prentice-Hall 1972
HELLER, AGNES 'Theory and Practice: Their Relation to Human Needs' *Social Praxis* 1 (1973): 359-73
HENRY, JULES *Culture against Man* New York, Random House 1963
HERSKOVITS, MELVILLE *Economic Anthropology* New York, Knopf 1952
HETTICH, WALTER 'Consumption Benefits from Education' in Sylvia Ostry (ed) *Canadian Higher Education in the Seventies* Ottawa, Information Canada 1972
HIRSCHMAN, ALBERT 'An Alternative Explanation of Contemporary Harriedness' *Quarterly Journal of Economics* 87 (1973): 634-7
- *Exit, Voice, and Loyalty* Cambridge, Mass., Harvard University Press 1970
HOLLIS, MARTIN and EDWARD NELL *Rational Economic Man* London, Cambridge University Press 1975
HORKHEIMER, MAX and T.W. ADORNO *Dialectic of Enlightenment* translated by John Cumming. New York, Herder and Herder 1972
HUDSON, W.D. *Modern Moral Philosophy* New York, Doubleday 1970
ILLICH, IVAN *Energy and Equity* New York, Harper & Row 1974
- *Tools for Conviviality* New York, Harper & Row 1973
JAMES, WILLIAM *Memories and Studies* London, Longmans 1912
JEVONS, W.S. *The Theory of Political Economy* Harmondsworth, Penguin 1970
KATONA, GEORGE *The Mass Consumption Society* New York, McGraw-Hill 1964
- 'What is Consumer Psychology?' *American Psychologist* 22 (1967): 219-26
- B. STRUMPEL, and E. ZAHN *Aspirations and Affluence* New York, McGraw-Hill 1971
KAUDER, EMIL *A History of Marginal Utility Theory* Princeton, Princeton University Press 1965
KNEESE, ALLEN, ROBERT AYRES, and RALPH D'ARGE *Economics and*

the Environment Washington, DC, Resources for the Future 1970   151
KRIEGER, MARTIN 'What's Wrong with Plastic Trees?' *Science* 179 (2 February 1973): 446-55
KROPOTKIN, PETR *The Essential Kropotkin* edited by E. Capouya and K. Tompkins. New York, Liveright 1975
LANCASTER, KELVIN 'Change and Innovation in the Technology of Consumption' *American Economic Review* 56 *Papers and Proceedings* (May 1966): 14-23
- *Consumer Demand: A New Approach* New York, Columbia University Press 1971
LANDSBERG, HANS, LEONARD FISCHMAN, and JOSEPH FISHER *Resources in America's Future: Patterns of Requirements and Availabilities, 1960-2000* Baltimore, Johns Hopkins University Press 1963
LEE, DOROTHY *Freedom and Culture* Englewood Cliffs, NJ, Prentice-Hall 1959
LEISS, WILLIAM 'Critical Theory and its Future' *Political Theory* 2 (1974): 330-49
- *The Domination of Nature* New York, Braziller, 1972. Paperback edition with new preface, Boston, Beacon Press 1974
- 'The False Imperatives of Technology' in David Shugarman (ed) *Thinking about Change* Toronto, University of Toronto Press 1974
- 'The Imperialism of Human Needs' *The North American Review* 259, no. 4 (1974): 27-34
LÉVI-STRAUSS, CLAUDE *The Raw and the Cooked* translated by J. and D. Weightman. New York, Harper & Row 1969
LINDER, STAFFAN *The Harried Leisure Class* New York, Columbia University Press 1970
LIPSEY, RICHARD, G. SPARKS, and P. STEINER *Economics* 4th edition. New York, Harper & Row 1973
LIVINGSTON, JOHN *One Cosmic Instant: A Natural History of Human Arrogance* Toronto, McClelland and Stewart 1973
LUKÁCS, GEORG *History and Class Consciousness* Cambridge, Mass., MIT Press 1971
MACPHERSON, C.B. *Democratic Theory: Essays in Retrieval* Oxford, Clarendon Press 1973
- *The Political Theory of Possessive Individualism* New York, Oxford University Press 1962
MALINOWSKI, BRONISLAW 'Culture as a Determinant of Behavior' in *Factors Determining Human Behavior* Cambridge, Mass., Harvard

152 University Press 1937
MANDELL, LEWIS et al *Surveys of Consumers, 1971-72* Ann Arbor, Institute for Social Research 1973
MARCUSE, HERBERT *Counterrevolution and Revolt* Boston, Beacon Press 1972
- *An Essay on Liberation* Boston, Beacon Press 1969
- *One-Dimensional Man* Boston, Beacon Press 1964
MARRIS, ROBIN *The Economic Theory of 'Managerial' Capitalism* Glencoe, The Free Press 1964
MARSHALL, ALFRED *Principles of Economics* 2 volumes, 9th edition. New York, Macmillan 1961
MARX, KARL *Capital* 3 volumes. Moscow, Foreign Languages Publishing House 1961
- *Contribution to the Critique of Political Economy* translated by S.W. Ryazanskaya. Moscow, Progress Publishers 1970
- *Grundrisse: Introduction to the Critique of Political Economy* translated by M. Nicolaus. Harmondsworth, Penguin 1973
MASLOW, ABRAHAM 'A Theory of Human Motivation' *Psychological Review* 50 (1943): 370-96
- *Toward a Psychology of Being* Princeton, NJ, D. Van Nostrand 1962
Material Needs and the Environment Final Report of the National Commission on Materials Policy. Washington, DC, U.S. Government Printing Office 1973
MEADOWS, D.H. et al *The Limits to Growth* New York, New American Library 1972
MENGE, WOLFGANG *Der Verkaufte Käufer* Vienna, Verlag F. Molden 1971
MILL, JOHN STUART *The Principles of Political Economy* 2 volumes, edited by J.M. Robson. Toronto, University of Toronto Press 1965
MILLER, ROGER *Economics Today* San Francisco, Canfield Press 1973
MISHAN, E.J. *The Costs of Economic Growth* New York, Praeger 1967
- *Making the World Safe for Pornography and Other Intellectual Fashions* London, Alcove Press 1973
MOORE, STANLEY 'Marx and the State of Nature' *Journal of the History of Philosophy* 5 (1967): 133-48
- 'The Metaphysical Argument in Marx's Labour Theory of Value' in *Cahiers de L'Institut de Science Économique Appliquée*

supplement no. 140 (*Études de Marxologie* no. 7). Paris, ISEA 1963
MORRIS, WILLIAM *News from Nowhere* New York, Monthly Review Press 1966
MOSCOVICI, SERGE *La Société contre nature* Paris, Union Générale d'Éditions 1972
- and F. COLUMELLI 'Contributions à l'étude des aspirations économiques des travailleurs' *Bulletin du Centre d'Études et Recherches Psychotechniques* 6 (1957): 405-22
PARKER, RICHARD *The Myth of the Middle Class* New York, Harper and Row 1972
PARSONS, TALCOTT *The Structure of Social Action* New York, The Free Press 1961
PASSMORE, JOHN *Man's Responsibility for Nature* London, Duckworth 1974
PERLOFF, ROBERT 'Consumer Analysis' in *Annual Review of Psychology* 19 (1968). Palo Alto, Calif., Annual Reviews, Inc. 1968
PIMENTEL, DAVID et al 'Food Production and the Energy Crisis' *Science* 182 (2 November 1973): 443-9
POLANYI, KARL *The Great Transformation* Boston, Beacon Press 1957
RESCHER, NICHOLAS *Welfare* Pittsburgh, University of Pittsburgh Press 1972
RIVERS, PATRICK *The Restless Generation* London, Davis-Poynter Ltd. 1972
RODMAN, JOHN 'The Dolphin Papers' *The North American Review* 259, no. 1 (1974): 13-26
- 'The Ecology of Openness' in D. Germino and K. von Beyme (eds) *The Open Society in Theory and Practice* The Hague, Nijhoff 1974
ROSZAK, THEODORE *Where the Wasteland Ends* New York, Doubleday 1972
RUSKIN, JOHN *Unto this Last, Munera Pulveris* London, Oxford University Press 1923
SAHLINS, MARSHALL *Stone Age Economics* Chicago, Aldine 1972
SCHERF, GERHARD 'Consumer Education as a Means of Alleviating Dissatisfaction' *The Journal of Consumer Affairs* 8 (1974): 61-75
SCHNEIDER, MICHAEL 'Neurosis and Class Struggle: Toward a Pathology of Capitalist Commodity Society' *New German Critique* 1, no. 3 (1974): 109-26
SCHUMACHER, E.F. *Small is Beautiful: Economics as if People*

154   *Mattered* New York, Harper and Row 1973
SCHUMPETER, JOSEPH *A History of Economic Analysis* New York, Oxford University Press 1954
SCITOVSKY, TIBOR *Papers on Welfare and Growth* London, Allen and Unwin 1964
SHEPARD, PAUL *The Tender Carnivore and the Sacred Game* New York, Scribner's 1973
SILVERMAN, MILTON and P.R. LEE *Pills, Profits and Politics* Berkeley, University of California Press 1974
SLATER, PHILIP *The Pursuit of Loneliness* Boston, Beacon Press 1970
SMITH, ADAM *An Inquiry into the Nature and Causes of the Wealth of Nations* edited by E. Cannan. New York, Modern Library 1937
STANLEY, MANFRED 'Nature, Culture, and Scarcity' *American Sociological Review* 33 (1968): 855-70
STELLMAN, J.M. and S.M. DAUM *Work is Dangerous to your Health* New York, Vintage Books 1973
STONE, CHRISTOPHER *Should Trees have Standing? Toward Legal Rights for Natural Objects* Los Altos, Calif., William Kaufmann, Inc. 1974
TAWNEY, R.H. *The Acquisitive Society* London, G. Bell and Sons 1952
THOMAS, W.L. (ed) *Man's Role in Changing the Face of the Earth* Chicago, University of Chicago Press 1956
TRIBE, LAURENCE 'Technology Assessment and the Fourth Discontinuity: The Limits of Instrumental Rationality' *Southern California Law Review* 46 (1973): 617-60
– 'Ways not to think about Plastic Trees: New Foundations for Environmental Law' *The Yale Law Journal* 38 (1974): 1315-48
TWEDT, D.W. 'Consumer Psychology' in *Annual Review of Psychology* 16 (1965). Palo Alto, Calif., Annual Reviews, Inc. 1965
VAYDA, ANDREW (ed) *Environment and Cultural Behavior: Ecological Studies in Cultural Anthropology* Garden City, NY, Natural History Press 1969
VEBLEN, THORSTEIN *The Theory of the Leisure Class* New York, New American Library 1953
VICTOR, PETER *Pollution: Economy and Environment* Toronto, University of Toronto Press 1972

WEISSKOPF, WALTER *Alienation and Economics* New York, Dutton 1971
- *The Psychology of Economics* Chicago, University of Chicago Press 1955
WOLIN, SHELDON 'Looking for "Reality"' *The New York Review of Books* 22, no. 1 (6 February 1975): 15-20
ZAMYATIN, YEVGENY *We* translated by M. Ginsburg. New York, Bantam 1972
ZWERDLING, DANIEL 'Death for Dinner' *The New York Review of Books* 21, no. 2 (21 February 1974): 22-4

致　谢

许多年前，我和同在一所高校攻读研究生的朋友们与我们的一位教授在图书馆不期而遇；他当时正在盛放卡片的抽屉旁费力地查找图书。我们为这种对昂贵时间的浪费大感震惊，因为文献检索通常是研究生的工作之一。看到我们关切的表情，教授为他不寻常的工作表示了歉意，然后解释了他这样做的微妙原因。他试图找到曾在他所在领域中发表过论文的所有知名权威，因为可能会找他们评论他即将出版的新书；他说他要在书中写入一则赞扬他们著作的脚注，希望以此作为回报。

由于我在本著中相当肆无忌惮地滥用了许多我自己专业领域之外专家的著作，我觉得模仿那位教授的预防性措施简直没有可能。相反，我相当倚重朋友和同事们；正是他们的协助，在探索本著所审视的变化莫测的广大领域时，我才得以成功地避免了许多我根本想不到的歧途险径上的折戟沉沙。我特别感激的是，桑德拉·蒙蒂斯对本书进行了编辑式的逐页评论，彼得·维克托在第一稿上做了广泛的旁注；还有麦克尔·诺依曼，他对我的观点做了深刻的点评。其他曾在不同阶段部分或全部阅读了我的手稿并给出了批评性意见和我十分需要的鼓励的人有：朱迪·阿德勒、克里斯西安·贝、安德鲁·芬博格、克利夫·胡克、彼得·莱斯、比尔·莱文特、约翰·利文斯顿、C. B. 麦克弗森、苏·曼斯菲尔德、赫伯特·马尔库塞、查克·马里诺、迪安·马里诺、弗尔克·米加、彼得·彭斯、罗恩·佩林、卓·罗伯茨、约翰·罗德曼、阿比·罗茨泰恩、冒顿·斯古尔曼、埃德文·希文、雷奇·舍罗文和马克·泰勒。我未能在手稿中对于他们提出的某些反对意见进行合适的修改，这完全是我自己的过错。

我是从1969—1970年在里加纳大学做研究生讲座时开始探索本书主题的。当我在里加纳大学期间，比尔·莱文特（他是我的工作的最有洞察力、最忠诚的批评者）、卓·罗伯茨、达拉斯·史密斯和其他许多人为我们的共同活动创造了一种相互间特别有凝聚力的气氛。我十分珍视在约克大学环境研究学院与格拉姆·比克斯特、约翰·利文斯顿和约翰·佩居之间的亲密联合；我从他们和其他同事那里学到了许多东西，这改变了我对当代社会理论的观点。我在研究和写作过程中因迪安·杰拉德·卡洛特斯无可替代的个人与行政支持而受益匪浅。约克大学的员工，丽莎·查普尼克、什拉·赫伯特、利利安·金德里、菲利斯·克鲁克和卓安·希尔茨，以及塞尔维娅·金格鲁恩（她安排了这次交流），为我撰写书评帮助极大。阿林·哈克曼热情洋溢的合作和约克大学其他研究生——朱迪·贝斯、彼得·梅克森斯、克里斯多芬·奥利弗、帕特·帕特森和戴安·威里姆斯——的襄助对于我完成这一课题是异常关键的。最后，加拿大科学委员会对易于生存的社会进行了专项研究，雷·杰克森和亚瑟·阔德尔对我在他们研究的基础上重新系统阐述其中一些部分给予了鼓励，在此表示感谢。

在我的第一部书籍出版期间，作为编辑，爱德文·西弗尔、阿曼德·佩提提安和罗伯塔·费兹蒙斯让我欣赏到了编辑与作者之间最令人愉快的关系。除了那些我已经提到的人之外,还有许多朋友多年来非常慷慨地对我表示支持,他们是:米尔德莱德·巴肯、史蒂夫·伯克维兹、约翰·博尔克、罗伯特·科恩、苏·德莱斯达尔、约翰·德莱斯达尔、弗莱德·弗列仁、卢-金·弗列仁、斯蒂夫·莱维恩、桑迪·洛克哈特、贝希·洛克哈特、斯坦利·摩尔、大卫·奥博、保罗·皮科恩、赫伯特·莱德、大卫·舒加曼、克尔特·沃尔夫、埃伦·伍德、尼尔·伍德和俄尔文·蔡特林。

我在多伦多大学出版社的编辑朋友里克·大卫德森高度认真与熟练地引导着从手稿走向出版的全过程,他的批评性评论既善解人意又十分有帮助。如果没有玛格丽特·帕克对手稿的编辑,任何其他方式的成书都会远逊于大家看到的这一版。

加拿大科学委员会和路易斯·M.拉比诺维茨基金会在工作之初为这一研究项目提供了一小笔赞助资金。

传统的致谢方式无法表达我与赫伯特·马修斯的合作关系对于我的意义。尽管他是一位不寻求追随者的教师,但我在此的感谢并不足以说明他对他的学生的工作具有的影响。他充满哲理的解释与观点总是让我们冥思苦想;但我还能极为清楚地回想起,我对他的尊敬与爱戴自发开始于十五年前(当时我很偶然地选修了他的一门课程),相互之间的联系在这段时间内持续增强。他的博学与投入、洞察与谦虚、严肃与睿智的独特结合永远是对我长存不殆的愉悦和激励的源泉,而这一独特结合表现在他所有的活动和与别人的关系之上。

谨以本书献给那些与我最为亲密的人们,我对他们的感激之情远非我的拙笔所能表达。

索 引

（索引后的数字为原版书页码，在本书中为边码）

advertising 广告业 15, 18, 20-1, 23, 58-9, 81-2, 亦见于 commodities 商品, 作为信息
alienation 异化 76-7, 87
anthropocentric framework 以人类为中心的框架 113

Bacon, Francis 弗朗西斯·培根 37-8, 41-2
Baudrillard, Jean 让·鲍德里亚德 64
behaviourism 行为主义 58-9, 78 注 28
Bookchin, Murray 默里·布克金 105
Brunner, John 约翰·布鲁纳尔 104

capitalism 资本主义 40, 73, 99, 103, 119, 125-7
commodities: characteristics 商品特性 74, 79-82, 80 注 30, 87-9, 93; fetishism of 拜物主义 67, 87; material and symbolic aspects 物质与符号方面 82-3, 92; as messages 作为信息 16-9, 22-3, 49-50, 93; use value and exchange value 使用价值与交换价值 74-9
consumer 消费者 13-24, 25-6, 81-2, 85-6
conviviality 共同欢乐 106-7
culture 文化 51, 65, 83-4, 87, 114-15

discommodities 负商品 33-5, 37
Durkheim, Émile 涂尔干, 埃米利 9, 128

economic growth 经济增长 98-100, 104, 115-16, 127-8
Ehrlich, Paul and Anne 保罗·欧利布、安·欧利希 98
environment: crisis of 环境危机 70,

98，116；degradation of 退化 98-9，103，109，115，119，120；feedback system 反馈系统 114-16；homeostasis 自动平衡 68-70，113-14；pollution 污染 34-5，116，121；and population 与人口 98，99，100，114，117；resources 资源 5-7，97-100，103-4，108-9

ethic of biotic diversity 生物多样化的伦理规范 117-19

Ewen, Stuart 斯图加特·埃文 87

Fourier, Charles 查尔斯·傅立叶 105

Fromm, Erich 埃里希·弗洛姆 58，59，105

Goodman, Paul 保罗·古德曼 105

Gorz, André 安德·高兹 8

Gresham's Law 格雷欣法则 20

Hegel, G.F.W. G.F.W.黑格尔 64

Heilbroner, Robert 罗伯特·海尔布鲁诺 98，103，105

Heller, Agnes 阿格妮丝·赫勒 129

high-intensity market setting (defined) 高强度商品架构（定义）7

Hobbes, Thomas 托马斯·霍布斯 38

Illich, Ivan 埃万·伊里奇 105，106-7

individuality 个性 76-7，105

interest: legal 法律利益 120，121
  of nature 自然的 41-2，121-3

James, William 威廉·詹姆斯 41-2

Jevons, W.S. W.S.杰文斯 78

Kahn, Herman 赫尔曼·卡恩 104

Katona, George 乔治·卡托纳 58

knowledge: craft 手工技艺知识 15，16，25，27，79；scientific 科学的 17，90-2，116-18

Krieger, Martin 马丁·克里格 23，43-4，109

labour 劳动（力）40，73，77，86，106-7；division of 分工 52，66，71，74；mental and manual 脑力与体力 106；necessary 必要的 106

Lancaster, Kelvin 开尔文·兰卡斯特 79-81

Lévi-Strauss, Claude 克劳德·列维-施特劳斯 54

Limits to Growth 增长的限制 4，98

Linder, Staffan 斯塔凡·林德尔 19-20，44

Macpherson, C.B. C.B.麦克弗森 105

Malinowski, Bronislaw 布罗尼斯罗·马林诺夫斯基 54

Marcuse, Herbert 赫伯特·马尔库塞 59, 105

Marshall, Alfred 阿尔弗雷德·马歇尔 49

Marx, Karl 卡尔·马克思 9, 39-40, 67, 75-8, 86, 105, 128

Maslow, Abraham 亚伯拉罕·马斯洛 55-7

Mill, John Stuart 约翰·斯图加特·密尔 9, 104-5, 112-13

nature: experience of 体验自然 22-3, 43-4, 113 ; conquest of 征服 36-42 ; legal rights of 法律权利 120-3 ; means and ends 手段与目的 39-45 ; purpose 目的（意志） 40-2 ; utilitarian perspective 功利主义的观点 40, 43 ; 亦见于 science 科学

needing（material and cultural correlate of） 需要（的物质与文化关联） 64-7, 70, 74, 77注25, 78, 82-6, 87注37, 92

needs, human: basic 人类基本的需要 53-5, 55注6, 62, 101 ; biological and cultural distinction 生理与文化差别 54-5, 61-3 ; critical perspective on 批评观点 58-60, 101 ; ecological context of 生态相关条件 67-71 ; fragmentation of 分解 18, 27, 80, 88-90, 93 ; hierarchy of 等级 55-7, 60 ; for interpersonal respect 人与人之间的尊重 30-1 ; negative theory of 的消极理论 101-2, 106, 128 ; objective character of 客观特性 61-2 ; physiological and psychological 生理与心理的 17-9, 25-6, 35 ; real and manipulated 真实的与经篡改的 58-9 ; theories of 理论 8, 50-1, 52-3 ; true and false 真实的与虚假的 61, 86

Plato 柏拉图 53

Polanyi, Karl 卡尔·波兰尼 86

primitive society 原始社会 72-3, 77

production 生产 66-7, 72-3, 76-7, 85, 86

resource demands ix 资源需求 ix, 5-6, 97-8

Sahlins, Marshall 马歇尔·萨林斯 29-30

scarcity 匮乏 29-32

science: and environment 科学：与环境 116-18, 121-2 ; faith in 信念 17 ; and nature 和自然 36-9, 102, 114

self-interest 自利 4，41；enlightened 开明 116-18，123-4，129
simulated gratification 仿造的喜悦 22-3，43-4，93，109
Smith, Adam 亚当·斯密 71，74，78
socialist countries 社会主义国家 8，88，99-100，103，119，127
Stone, Christopher 克里斯托弗·斯通 120，123

Tawney, R.H. R.H.托尼 9
technology 技术（科技） 36-9，42；and alternative ideals 与替代性理想 108-9；application of 应用 16-17；centralization of 集中化 108；progress 进步 97-8，108
time, scarcity of 时间的匮乏 19-20，22

tools 工具 40，51
Tribe, Laurence 劳伦斯·特赖布 44

utility 效用 78-9，78注27-8，83

Veblen, Thorstein 托尔斯坦·凡勃伦 9，57，128

wants: confusion of 欲望的混乱 20-1，22；insatiability of 无法满足 24-7，100；and needs 与需要 61-3
Weisskopf, Walter 瓦尔特·韦斯科夫 74-5

Zamyatin, Yevgeny 叶夫根尼·扎米亚京 62

图书在版编目(CIP)数据

满足的限度/(加)莱斯著;李永学译.—北京:商务印书馆,2016
ISBN 978-7-100-12220-7

Ⅰ.①满… Ⅱ.①莱…②李… Ⅲ.①产品需求—研究 Ⅳ.①F252.21

中国版本图书馆 CIP 数据核字(2016)第 100800 号

所有权利保留。
未经许可,不得以任何方式使用。

满足的限度

〔加〕威廉·莱斯 著
李永学 译

商 务 印 书 馆 出 版
(北京王府井大街36号 邮政编码100710)
商 务 印 书 馆 发 行
北京新华印刷有限公司印刷
ISBN 978-7-100-12220-7

2016年10月第1版　　　开本 880×1230 1/32
2016年10月北京第1次印刷　印张 6 1/2
定价:28.00元